I0783152

Corazón en bandolera

Historia del silencio roto

Corazón en bandolera

Silvia Vera Viteri

Para Pedro Jorge y Eugenia,

mis padres,

quienes no llegaron a conocerlo

Gracias a Miguel,

María Alejandra,

Daniela,

Miguel Estéfano

Imagen de portada:

Miguel Estéfano Mora Vera (generada con Midjourney)

ISBN Amazon 9798320175188

1.

Tras los ventanales, con el tono grisáceo de la tarde, una lluvia gruesa cae violenta sobre el pavimento y azota el verdor de árboles y césped en el parque ubicado frente al edificio. El ruido del agua semeja al disonante canto de grillos que las variaciones de intensidad acentúan o disminuyen. Aceras desiertas, calles repletas de automotores en colas ajustadas, apiñados uno tras otro, impedidos de avanzar. Escenario tempestuoso para la batalla sin embargo los combatientes se conducen sobre brazas hacia la ofensiva.

Tamara ha llegado retrasada. Xavier nota de reojo su presencia y se voltea para evitar coincidencia en las miradas. Impensable hace pocos años un encuentro tan frío de afecto tan caldeado de furia. Ambiente agitado. Personas se cruzan entre sí, salen y entran de oficinas contiguas desplazándose a través del salón que las enlaza. Asientos ocupados por gente en búsqueda de sosiego, conciliación de desacuerdos. Sus quedas voces crean un rumor espeso. Mediaciones y arbitrajes, cofres llenos de anhelos y decepciones. Los concurrentes ansían paz.

Con lentes muy cuadrados para la redondez de su cara una mujer joven se levanta del sillón, se dirige hacia Tamara quien desde el umbral de la puerta principal la ha buscado con la mirada. Al tiempo cierra el paraguas y sacude la humedad del abrigo. En el trayecto los pasos de la mujer de lentes cuadrados pretenden mostrar firmeza, ocultar atisbos de vacilación aparecidos indiscretos en sus gestos. Teme el nivel de receptividad en este primer encuentro y pese a los intentos luce intranquila. Es la abogada Yolanda Aguirre quien por sobre dudas se dispone a pulsear el talante de la otra parte de acuerdo con lo cual ir estableciendo estrategias en el curso de los hechos. Abraza a Tamara y le reitera la advertencia de serenidad frente a cualquier contingencia.

La mediación fue solicitada con el fin de resolver el conflicto familiar sobre la tenencia de los hijos de Xavier Ricaurte y Tamara Medina. En las enrevesadas circunstancias conseguir arreglos es el complejo cometido de Yolanda. Así se evitará involucrar a Adrián y Juliana en tratamientos judiciales ante los tribunales dentro de la demanda de divorcio por abandono de hogar recién interpuesta por Xavier Ricaurte. El causal es un falso positivo del demandante, con su abogado preparan el tinglado donde conseguir custodia exclusiva de los hijos. Por tanto la audiencia es recurso desesperado, tiro al aire, Yolanda y Tamara aspiran dar en el blanco y conseguir al menos custodia compartida.

Parados junto a una pared decorada con grandes fotografías en blanco y negro que muestran la ciudad de principios del siglo XX, se ve a Xavier Ricaurte y a Pedro Baquero, vestidos de modo casual con exquisita elegancia. Al parecer han interrumpido una amena charla, suelen darse entre participantes en las antesalas de estas audiencias a veces para la necesaria distensión y otras para ostentar solvencia.

Con propuesta frialdad Pedro mira a su colega Aguirre e inclina la cabeza a modo de saludo, esboza ligera sonrisa a Tamara con igual propósito. Verla en la actual coyuntura después de compartir tanta vida lo hace reparar en las paradojas del destino. Recuerdos juegan a encararlo y cierta nostalgia a condolerlo, se recompone a tiempo. De inmediato, atendiendo instrucción del asistente Pedro se dirige a la oficina indicada, hace señas a Xavier y entran. Toman asiento en dos sillas dispuestas alrededor de la mesa ovalada en cuyo extremo derecho hay un computador encendido. Xavier se acerca a Pedro al oído: ¡Suerte matador! Pedro sonríe, afirma moviendo la cabeza hacia adelante y le aprieta el hombro izquierdo. Apaga el teléfono celular, saca su iPad y algunos expedientes del maletín, los revisa y se dispone a los sucesos del salón.

Ellas se ubican al frente, en el lado opuesto. Han ingresado también dos veedores independientes, convocados por el mediador a solicitud de Pedro Baquero con anuencia de Yolanda Aguirre. Los ojos de Tamara centellean inquietos como los de quien desconoce y teme lo que va a enfrentar. Xavier se empeña en hacer notar indiferencia hacia Tamara y Yolanda por lo cual, y por denotar también ausencia, se sumerge en el celular. Aunque es cierto, no le interesan ni mediaciones ni arbitrajes o lo que sean, absurdos trances no van a cambiarle la decisión de acudir a los tribunales. Allá reside la solución, la razón en esta maraña le pertenece o hará que le pertenezca. Por tanto, se muestra impasible. No asistir a esta farsa, solicitar acta de imposibilidad de mediación fue su opinión, pero Pedro insistió en la importancia de presentarse. Según él es necesario ceder en minucias y ganar consistencia, incluso por imagen en virtud de la relación laboral de Xavier con el Estudio Jurídico Baquero & Asociados. Es en realidad la causa de la presencia en este sitio.

Hay tensión. No la disipa ni el café ofrecido por una muchacha de sonrisa amplia y falda muy corta ni por el ánimo introducido por el abogado mediador. Ha ingresado sonriente con amigables saludos tomando posición en el extremo derecho de la mesa, frente al computador encendido. Repasa documentos, pide cerrar la puerta y se ubica para dar inicio a la audiencia. Miradas lo acechan, pendientes de sus gestos y movimientos aguardan por incorporarse a la dinámica del proceso en cuanto lo indique. Voces silentes le expresan al unísono, estamos listos.

Tamara pone su shigra sobre la mesa. Viste jeans, blusa de colores y botines color mostaza. La espera la ha puesto a especular. Nadie aquí es sincero, se dice mientras evalúa por encima a los presentes. Todos asumen poses de defensa, incluso el desinterés del Xavier es pura pose. Claro, en estos casos cada uno busca exhibir la versión más lúcida de sí mismo, conocidas son las altas dosis de simulación en las relaciones humanas. Nosotras sí jugamos limpio, vamos a pelear mi legítimo derecho de forma transparente, sin artilugios. Y no mostramos nuestros reales sentires tampoco, ¿quién lo hace en estos trances? En cierto modo está bien hasta un punto, pero el jueguito del ser y el parecer, debería guardar coherencia. Aquí solo hay caretas dispuestas a la confabulación.

Quisiera desmontarles la calumnia sobre el abandono de hogar. ¿Quiénes me conocen, creerían semejante disparate? Me asiste el derecho, jamás podrán quitarme la condición de madre ni prohibirme ver al Adrián y a la Juliana como quiere el Xavier Ricaurte bien secundado y representado por el Pedro Baquero. Es miserable el intento de acusarme no apta para vivir con mis hijos. Par de machos escondidos tras artimañas de protección, capaces de infamias con las cuales obtienen ventajas. Y no puedo decir nada. Estoy atrapada. Debo fingir y continuar.

Alfonso Murillo, abogado mediador, alto y grueso, con aspecto bonachón, se pone de pie y en tono formal y amable da inicio a la mediación:

—Nuevamente, buenas tardes. Mi rol es de facilitador, —dice acomodándose la camisa, le ciñe el torso—, enseguida doy inicio al proceso sobre acuerdos en el conflicto familiar entre los señores, abogado Xavier Ricaurte y licenciada Tamara Medina, esposos en trámite de divorcio. El objeto de esta mediación, alternativa a la vía judicial, es convenir en la tenencia y custodia de los hijos menores, Adrián y Juliana Ricaurte Medina, fruto de ese matrimonio. La doctora Yolanda Aguirre, en representación de la señora Tamara Medina, propone una transacción alrededor de la custodia con dos alternativas: primera, tenencia de la madre con visitas periódicas programadas por parte del progenitor, y segunda, tenencia compartida.

Murillo enfatiza cada palabra con pomposidad, en ánimo de preservar la imagen de imparcialidad.

—Atendiendo la base jurídica del artículo 153 del Código Orgánico General de Procesos, el acuerdo resultante de este trámite será título de ejecución, documento válido ante el juez de cualquier causa. Como audiencia de diálogo y negociación, trataremos el asunto buscando soluciones. Tengamos claro, nadie va a perder, nadie va a ganar. Lo importante es resolver el conflicto por el bienestar de los menores.

Reitero, de establecerse en consenso el acuerdo voluntario, definitivo y exigible, se presentará en el trámite de divorcio como resolución, en correspondencia con el mencionado

Código Orgánico General de Procesos, lo cual aportará a agilizar la separación legal de los antes mencionados. Por mi parte, abogado en funciones y mediador del conflicto, me comprometo a hacerlo bajo los principios de imparcialidad, confidencialidad y autonomía de la voluntad, de obligatorio cumplimiento.

Dentro del procedimiento previsto he enviado a los abogados, Yolanda Aguirre y Pedro Baquero, instrucción previa sobre los antecedentes de la situación con la finalidad de centrarnos de manera estricta en lo ateniente a la tenencia de los menores. Evitar conceptos y consideraciones no apropiados al tema en cuestión y prescindir de epítetos y frases fuera de lugar e inconvenientes es, ya manifestado en dicha instrucción, requisito indispensable. Los señores Ricaurte y Medina no obstante estar presentes en la sala han delegado a sus abogados para representarlos. Con lo reiterado, concedo la palabra a la doctora Aguirre, abogada solicitante de la mediación.

—Gracias doctor Murillo. —responde Yolanda.

—Buenas tardes con todos. Soy abogada de la señora Tamara Medina, empiezo por manifestar nuestra mejor voluntad para encontrar las vías más adecuadas en relación con la custodia de los menores Adrián y Juliana Ricaurte Medina, de nueve y seis años de edad. Es la causa de esta solicitud de mediación, confiamos en la sensibilidad de la otra parte atendiendo en primer lugar a los sentimientos y a los nexos naturales de los hijos con su madre.

—La convocatoria responde a la necesidad de todos por conciliar la estabilidad de los niños. El deseo de Tamara es mantener la relación de convivencia con ellos en compartición con el padre. Por tanto nuestra apertura es total a otras propuestas considerando el derecho de madre a permanecer o compartir convivencia con sus hijos. Negar este derecho constituiría una negación del amor y de la figura materna, por lo cual solicitamos desestimar cualquier intención en ese sentido. Desde esta perspectiva llamo a la comprensión respecto de los cambios sustanciales en la construcción de nuevas realidades, cambios acordes con nuevos conceptos y valores. Esta construcción requiere profunda revisión social respecto de los pilares morales en nombre de los cuales nos hemos vuelto inhumanos marginadores. La moral es histórica, no permite anacronismos en asuntos tan sensibles. Es decir, las formas de vida familiar evolucionan, ahora lo importante es la prevalencia de lazos afectivos y de respeto auténticos no obligados por la costumbre.

–Las nuevas generaciones miran la realidad con ojos propios no con los de sus antepasados y lo hacen con capacidad deliberativa. Así se abre el espectro de discernimiento integrador. La responsabilidad sobre los hijos no es disputa de pareceres, no surge de la calificación moral subjetiva establecida por otros sino del compromiso.

–Permiso –interrumpe Pedro Baquero–, no esperábamos, abogada Aguirre, un discurrir de su parte sobre la moral y las buenas costumbres, pues si de eso se trata…

–Doctor Baquero, corta Alonso Murillo, permita a la doctora Aguirre continuar la argumentación. Repito una vez más, no olviden las reglas básicas enviadas, serán acatadas en la exposición de razones a ser expuestas y evaluadas por las partes.

–Pues sí, me disculpo–, acota Baquero.

–Continúo, –dice Yolanda Aguirre–. Si bien la responsabilidad es complementaria, por la etapa de formación de los niños la mejor decisión es la permanencia con la madre considerando visitas paternas, o la tenencia compartida con períodos a convenir, en concordancia y en prevalencia de la preferencia materna. Son nuestras propuestas sin perjuicio de escuchar las suyas.

No obstante amigo inseparable de Tamara desde el colegio, Pedro, el Pit, tomó partido el primer instante del resquebrajamiento matrimonial. No es de extrañarse. No existen amistades inmutables. A veces, responden a la posición de las piezas sobre el tablero y a la destreza de cada jugador. Otras, bullen en consonancia con afectos inquebrantables. Y aún las imperecederas suelen soportar vaivenes. Además, en este caso, justo es reconocerlo, su amigo entrañable ha sido Xavier Ricaurte. Amistad escrita en piedra ha comprometido a cada uno a hacer casi cualquier cosa por el otro sin importar los riesgos para nadie. No sorprende por tanto, más allá de la jurisprudencia, la audaz posición de Pedro Baquero. Ostenta autoridad moral de absoluto corte funcional. La pretensión es marcar terreno a través de amilanar, avergonzar a Tamara, hacerla tambalear y, por supuesto, desistir de la custodia compartida. El informe será útil para el posterior fallo del juez en la causa de divorcio y la custodia de los hijos. Por tanto, anular al contrincante es lo más acertado.

De forma hábil, Pedro hace contacto visual con los asistentes. Abogado perspicaz, arguye y plantea el caso insistiendo y apelando, en principio, medio y fin, a la sensibilidad, a los valores y a la ética, sustentos de una sociedad amenazada por conductas impúdicas, empeñadas en contaminar los cimientos.

Por encima de las supuestas y adecuadas nuevas realidades –habla Pedro con forzada solemnidad dirigiéndose a Yolanda–, y si bien cada quien tiene absoluta libertad de decisión sobre la rectitud o sinuosidad de su camino nadie la tiene para desviar el de los hijos. Hijos necesitados de ambientes emocionales y sicológicos positivos. Es el único compromiso indispensable en aras de su salvaguardia, y como bien dicen la Constitución de la República y el Código Orgánico de la Niñez y la Adolescencia, el interés superior de los menores es principio de aplicación inmediata en lo referente a sus derechos.

Hace pausa para asentar lo dicho. Seguro de sí, continúa.

–A ver, ¿cree alguien aquí no ser este el punto central del asunto? ¡Lo es! Y ustedes lo sienten así. Lo saben. Veamos con tranquilidad: nada supera la obligación de asegurar bienestar a estas criaturas no solo en el presente sino en el futuro. ¿Sí o no? Este bienestar precisa de nuestra colaboración, somos agentes legales de la ciencia jurídica. Estamos para el control de las secuelas del proceder de personas como la señora Medina, quien por propia voluntad desvió la ruta del rol de madre. Decisión personal, claro. No nos concierne, claro. Sin embargo, lastima a los niños, ¡y eso sí nos concierne!

Interviene Murillo, —doctor Baquero la audiencia es de mediación, para conciliar posiciones. Encontremos puntos en común. Centrémonos en eso.

—Así es doctor Murillo, está usted en toda razón. Solo queremos demostrar la imposibilidad de acuerdo en los términos propuestos por la doctora Aguirre. No cabe en este caso la preferencia materna y tenemos argumentos de sobra para justificarlo y ratificarlo.

—Disculpe, doctor Baquero están fuera de lugar sus expresiones anteriores. —habla Yolanda Aguirre intentando frenar el direccionamiento de Pedro Baquero.

—Disculpe usted, doctora Aguirre, no he terminado. Poseemos amplia información, verificada y analizada, y nos permite inducir el entorno de violencia sicológica potencial para los menores en cuestión. Esto nos autorizará a solicitar la eliminación de algún tipo de régimen de visitas. Hago hincapié, la presencia de mi representado demuestra la extrema preocupación por su familia frente a la pretensión de la señora Medina, quien abandonó la casa familiar, la de los hijos por los cuales viene ahora a querer tranzar.

— ¡Mentira! —grita Tamara—. Doctor Murillo, esta gente distorsiona los hechos a su favor.

–Por favor, señora Tamara, tranquilicémonos. –exclama Murillo–. Deje al doctor Baquero terminar con la alocución.

– ¡No! De este modo cosas importantes se quedan sin aclarar, –dice Tamara alzando la voz–. Falsedades establecen verdades, y es indispensable puntualizarlas.

– ¡Por favor! –insiste Murillo, impositivo–. No en este tono.

–Venía diciendo antes de los gritos de la señora… A propósito, Tamara, ¿te encuentras bien? –Lanza Pedro a Tamara–. Ella vira la cara sin intención de responder.

–Bueno, prosigo. Antes quiero poner en relieve un detalle. La noche del abandono de hogar, los niños estaban solos, Tamara no sabía con quién ni cómo se encontraban, demoró el regreso sin avisar sobre su tardanza. Es el doctor Ricaurte quien al llamar y enterarse sobre el estado de sus hijos, se dirige de inmediato a atenderlos. Quedan en evidencia la responsabilidad, el amor filial de Xavier Ricaurte en el cuidado de Adrián y Juliana. Y el compromiso, ese sí compromiso doctora Aguirre, de quienes solicitamos a la señora Tamara Medina recapacite y deseche de forma definitiva la absurda idea de obtener custodia compartida. Queremos agilizar el divorcio y evitar tire y jala con el tema de la tenencia. Será sencillo doctora. Nos ponemos de acuerdo. Y listo. Yolanda en tono conciliador: –Es indispensable tratar este asunto como diálogo no como monólogo, doctor Murillo, eso no está sucediendo. Parece juicio no mediación. Y con todo mi respeto, doctor Murillo, usted lo está permitiendo.

Murillo hace ademán para responder a Yolanda pero es cortado por Pedro.

–Con esto termino, doctor Murillo. Coincido con usted, doctora, sobre el carácter histórico de la moral, por lo mismo es preciso enriquecerla en su avance, no degradarla. Insisto, ese es nuestro compromiso. Piense doctora, la conducta de Tamara es demérito para prestar condiciones básicas de estabilidad. Su proceder no solventa las necesidades sicológicas y emocionales de menores en formación menos aún la conducción de sus vidas. Son niños con derecho a una existencia íntegra y meritoria, el progenitor, reitero, sí está dispuesto a proporcionárselas. Ah, y estamos todos al tanto del actual estatus laboral, y por ende de ingresos, de la señora Medina.

Ante esta andanada, con dejo de reproche Yolanda le recomienda tranquilidad a Tamara quien con la cabeza inclinada hacia delante y los codos sobre la mesa, sin mirarla alude a la trampa de la audiencia. Murillo las llama al orden y les pide silencio. Pedro no ha dejado de intervenir.

–Yo les pregunto, ¿quién de ustedes quiere a sus hijos en un hogar de carencias económicas en medio de estigmas y discriminaciones, de exposiciones a factores de alto riesgo e influencias nocivas cuando cuentan con un padre amoroso y solvente? Estoy seguro, ninguno. Y pues, ese es el hábitat de Tamara. Más tarde estos niños podrán hacer elecciones, por ahora es el doctor Ricaurte el llamado a mantener el orden familiar, quien procurará condición de bien y de manutención. Lo cual no es el caso contrario, me permito decir, de ese lado no hay brújula moral.

Apresurado para evitar mayor confrontación, Alonso Murillo, toma la palabra.

–Sería adecuado, a más de lo expuesto y por la resolución determinada de modo previo a esta conciliación, doctor Baquero, que usted y su representado dejen constancia de la decisión y si esta es o no susceptible de ser mediada en lo posterior.

–Nuestra intención, doctor Murillo, ha sido exponer de modo fehaciente conceptos sólidos y deducciones válidas para ni siquiera considerar la custodia compartida. Esa petición no presenta sustento ético, lo hemos expuesto y lo expondremos en los tribunales. Asistimos a la convocatoria y solicitamos a usted incorporar al informe nuestra buena fe en ese sentido, y nuestra negativa a la solicitud presentada.

–Propusimos esta mediación para entendernos, imposible sin mínima intención de apertura por parte de ustedes. En realidad no sé porqué aceptaron la comparecencia si esta iba a ser su actitud–. afirma enérgica Yolanda sin disimular el disgusto.

¿Cómo llegamos hasta aquí? –se pregunta desalentada Tamara–. El Pedro invoca una serie de baratijas de feria inscritas en el manual recitado en este montaje. Vergonzosa confabulación del par de hipócritas dispuestos a humillarme y a obtener provecho. Sospecho, además, incidencia de los golpes de moralidad sobre la neutralidad del tal mediador. Ha permitido al Pedro tomarse todo el tiempo. No ha mediado un carajo. Además la Yolanda equivocó la táctica. Su exposición ha sido ambigua y retórica en un medio gazmoño donde todos exudan puritanismo.

No consideró la trama de convenciones arraigada en la mediocridad de esta gente, lista a sucumbir a cualquier bien tallada sensiblería como la del Pedro. Con superficialidad y premeditada distorsión convence a todos. No me fío nada, nada, de este doctor Murillo. Al hablar el Pedro lo contempla y al hablar la Yolanda apenas la mira. Panorama desfavorable. Ilusión deshaciéndose, ilusión líquida cae en gotas desde mi pecho. No sobrevivirá.

—Las partes son libres de manifestarse, doctora Aguirre. Recuerde, el Código de la Niñez en el artículo 106 advierte respeto a lo acordado por los progenitores. Ahora, es obvia la falta de convergencia en las posturas. Además, doctor Baquero, si bien ustedes han asistido al llamado en ningún caso lo han hecho dispuestos a conciliación alguna. Por tanto, sin posibilidad de revertir lo expuesto, es adecuado dar por terminada esta mediación de resultado fallido.

—Disculpe, doctor Murillo, no han existido incentivos de su parte para alcanzar el objetivo. Ha faltado equidad—, interviene enfática Yolanda.

—A ver, doctora, del desacuerdo no brotan acuerdos por sí solos, no son hongos de las praderas —responde Murillo. Se precisa voluntad, es procedimiento de convencimiento de las partes entre sí, yo no puedo intervenir y favorecer a una u otra. Ustedes, los abogados representantes debieron hallar coincidencias. Existe expresa negativa de una de las partes, ¿cómo puedo yo revertir eso? -expresa Murillo con el ceño fruncido.

—Mire, doctor Murillo, agradezco su participación. No tengo interés en mediar la situación en estas condiciones en realidad ni en ninguna otra. Menos aún tengo interés en aperturas… —interrumpe Xavier—. Es suficiente. Pedro, por favor, termina este asunto. Estas mujeres no entienden, nos vemos en los tribunales.

—Doctor Medina, evitemos reacciones abruptas—, Murillo defendiendo el orden de la audiencia.

–Con todo respeto, doctor Murillo. No se trata de usted sino del fin de mi paciencia. Disculpe cualquier exabrupto. Hasta aquí llego–, Xavier intentando amabilidad sin salir de la exaltación.

–Muy bien, doctor Ricaurte. Elaboraré el informe con lo sucedido de la manera más fidedigna. Si los veedores desean incorporar los suyos, pueden hacerlo, de lo contrario háganlos llegar por separado–, dice Murillo, extendiendo la mano a cada uno de los presentes. –En estas condiciones no hay acuerdo. Buenas noches.

II.

Con aire de vencedores Pedro y Xavier agradecen a Murillo. Pedro pasa su brazo por los hombros de Xavier, entran al ascensor, bajan directo al estacionamiento. En el auto, en dirección a la cafetería de costumbre, Xavier se derrumba. La armadura de metal se funde, la careta del remolino emocional de su ánimo, se desvanece. Piden capuccino y café americano. Pedro lo conoce demasiado, a pesar de ir consiguiendo lo propuesto: amilanar, avergonzar a Tamara hasta hacerla desistir, Xavier está abatido.

–Te entiendo, Xavo –dice Pedro con ternura poniéndole la mano en la nuca–. Trance jodido. La has querido con la vida.

–Sí mi hermano. Pasará. Te lo apuesto, aunque gotas de su ser me envenenen la sangre, pasará. Lo tortura de hoy con el tiempo será brizna. Pasará, es lo importante. –contesta Xavier con expresión desalentada tratando de convencerse.

–Estoy seguro. De a poco te vencerás tú primero, cuando le ganes la pelea a la decepción. Vas a vivir con preguntas hasta cuando ya no te importen las respuestas. Ya lo verás, bro.

– ¿Sabes…? Esta herida me ha hecho pensar, si Dios existe se ha ido de mí. Me ha abandonado.

–No digas más.

Pedro es soporte indispensable y dispuesto, tal como ha sido Xavier con él en ocasiones decisivas.

Por su parte, Tamara turbada baja por las escaleras del centro de mediación, Yolanda la toma del brazo y se ofrece a llevarla, le agradece y la abraza a modo de despedida, prefiere caminar. No tiene ganas de hablar, Yolanda le reconvendrá la alteración y no está para más pugnas por hoy. Las derrotadas de la jornada. Lo acepta. Para sus adentros Yolanda legitima su argumentación, sin embargo no supuso, no podía prever de ningún modo, la maquinación tras la asistencia de Xavier y Pedro, presión para informe condicionado del mediador. Menos aún podía imaginar el desplante de Xavier, con seguridad planeado. Estratagema de buena factura para sus intereses, sin duda.

III.

Ha cesado la lluvia. La noche mojada parece inmensa. Tamara quisiera perderse en ella. Tan solo perfiles borrosos de las formas urbanas aparecen recelosos en medio de la neblina en esta parte de la ciudad. El viento le alborota el pelo y le aprieta los párpados y los labios. Va despacio, cabizbaja, el dolor no tiene prisa. Al desplomarse, las resistencias la obligan a admitir la situación, a mirarse en la dimensión de los sucesos, sin falsearse. Xavier y la potencia de sus mezquinos recursos frente a la debilidad de los suyos, la amilanan.

Expectativas hundiéndose en charcos, peregrinación de torpes sueños. Fantasías que sucumben ante la contundencia de los hechos. Mentiras útiles, trampas para no perecer en el padecer. Sí. La mentira es bálsamo alucinante cuando la verdad devora al oxígeno. ¿Quién dijo que la honestidad vence siempre? Tamara ha recibido una bofetada de realidad, una pedrada en el centro de la esperanza. Y la empujan al punto cierto.

Revancha en desangre es la renuencia de Xavier. Dispuesto a sumergir su humanidad de varón mancillado, de macho ultrajado. Decidido a hacerle pagar la humillación. No hay indulgencia. Por eso se pavonea con arrogancia de triunfador antes de siquiera entrar de lleno en la contienda. Campeón anticipado. De pie frente a los sucesos, Tamara asume la necesidad de recuperarse de la utopía.

Mira al cielo. Nubarrones se mueven dejando ver la risa helada de la luna cayendo en menguante, Tamara jura que se ríe de ella. La humedad esboza sus pasos sobre el pavimento. Olor a infancia, balada en susurro de compás antiguo se deslizan desde las hojas cubiertas con los últimos sollozos de lluvia. Evocación desconocida. El corazón recoge o inventa sensaciones entre los horizontes de la pesadumbre. -¿Por qué la lluvia es tan triste si es un acto de profundo amor para fecundar la tierra? —se pregunta.

Alejandra Pizarnik, de sus poetas preferidas, murmura:

Mata su luz un fuego abandonado.
Sube su canto un pájaro enamorado.
Tantas criaturas ávidas en mi silencio
y esta pequeña lluvia que me acompaña.

Hoy separo lo que soy de lo que quiero. Dejaré de vagar por mi interior reprimido. Soy mujer aprendiendo a serlo alrededor de una vorágine de trampas y rupturas. Gente implacable me expulsa, el señalamiento de sus dedos invisibles, puntas de lanzas, es despiadado. Murmuraciones, miradas censuradoras me desnudan y latiguean.

Muchos forman parte de mi entorno, iguales en apariencia pero sus esencias inquisidoras ahora están llenas de desprecio. Les cuesta entender o no les interesan las diferencias, se aturden y descolocan. La moral imperante discrimina desde su presumida superioridad.

Abordar lo desconocido es ruptura de creencias rancias y postizas justificaciones. No lo intentan siquiera. La penumbra de la costumbre los reconforta más que la luz.

IV.

Seca la planta de los zapatos en la alfombra del amplio hall. Como aguijones sobre sus ojos la luminaria ha puesto pausa a sus pensamientos. Toma el ascensor hasta el penthouse. Al entrar, un aroma a menta desde la cocina le alivia el pecho. Va directo al dormitorio, en el vestidor se cambia la ropa y descalza camina hasta la sala. Enciende la lámpara y la pone en luz tenue, se sirve un vodka solo, así le gusta, se recuesta en el diván frente a la chimenea que acaba de encender. Sola en esta guarida se deja hipnotizar por la danza del fuego.

¿Exorcismo o harakiri?

Llora por los hijos. Por la vida que la fue empujando sin prerrogativas. Por los afectos cerrados, candados sin llave. Por Xavier, amor de veras, corazón latente, piel de pasión. Amor crecido en el asombro aprehendido juntos. Hoy es desierto incendiando brújulas y oasis. Grito de auxilio vacío de eco. Aullido sordo. El destino es un ilusionista de feria que deja caer su máscara después del espectáculo, cuando el esplendor se apaga. En este segundo y hacia adelante Tamara y Xavier son nada más un tramo del sendero del otro.

No me niego a comprender razones, solo no soporto el egoísmo de ponderarlas sobre las demás como única verdad. Bueno, en este caso la tonta he sido yo, el error es propio al esperar providencias tolerantes por eso recibo más ofensivos los atrevimientos. Pocos acompañarán decisiones tildadas de escandalosas, todos obedecen a prejuicios y certidumbres anquilosadas en el fondo de sus mentes. Tiemblan al solo suponer el prestigio manchado. Prefieren mantener el exhibicionismo intelectual o social sin resbalarse.

Me acuerdo de los acomodos y las maromas entre mis padres, familiares y amigos por quedar bien falseando pedazos de una verdad o la verdad completa para propia conveniencia. Dualidad humana donde aprendemos a participar. Así es. No voy a negarlo, intervengo en ese vaivén, pero de otra manera. No soy cínica, mis convicciones no son ocasionales ni oportunistas. No hago daño deliberadamente a nadie.

Llora. Mi ser no va a desencarnarse, a desprenderse del Adrián y la Juliana, ese imposible me liberaría del sufrir pero sería como arrancarme la piel, mutilarme y arrojar mis jirones a un torbellino. Ni figurarlo siquiera. Estoy atada a mis hijos y así quiero continuar. ¿Cómo podría jamás deshabitar mi alma de las perlas nacidas en mi alma? Lágrimas de nácar. Imaginar este amor en el mañana me destroza, me devastarás ante ellos, Xavier, me convertirás en oprobio. Vas a denigrarme. A sembrarles escarcha. Es tu venganza. El ego te ciega. No quieres darte cuenta que el afecto es insuficiente para quedarme.

Llora. Fíjate lo paradójico, aunque eres tan distinto, tan otro ajeno, guardo para ti cariño o para el recuerdo, no lo sé, por eso yo no haría nunca lo que me haces. Soy impotente ante tu súbito ruin proceder mientras te solazas. Haberme creído mariposa de libre vuelo mientras soy prisionera en una red de engaños, es tu complacencia. ¿Por qué, Xavier? Niégate a mis motivos pero no me mancilles como madre.

Éramos el Pit, la Maravilla, la China, la Carito, el Gus, el Ricky, el Xavy y yo. Varios pululaban a nuestro alrededor, unos en principio atraídos por las sesiones políticas otros buscando onda bacana. La Maravilla tenía ese sobrenombre porque era de veras hermosa. Ella lo sabía. Su caminar, gestos, ademanes y movimientos gritaban: *Aquí estoy. Mírenme.* Al comienzo le molestaba el apodo, después no solo le gustaba, le encantaba. Empezó a responder al apodo, la dejaron de llamar por el nombre. Los chicos morían por sus sonrisas, ella vanidosa y altiva se daba de muy selectiva.

Parece ayer la excursión al Pichincha. Matices verdes y cafés de la montaña, aire puro entrando hasta la médula. Fumamos baretos por primera vez, buena hierba dijeron, yo sentí vértigo y tuve nauseas. El Gus tosió tanto, trastrabilló hacia atrás y resbaló por unas piedras, poco más y rueda cuesta abajo. El Pit hecho el gracioso, le dijo:

— ¡Ey, ey, muñequita, cuidado desciendes! — ¡Abajo no hay nada para ti! — gritó el Xavi. Todos rieron sin parar menos la China. Por suerte el Ricky lo jaló del brazo y el Gus trepó veloz. La China lo abrazó. El Ricky les reclamó duro, los mandó al diablo, más claro. A mí tampoco me pareció divertido pero ya, solo era broma pesada. Luego nos contentamos, el Gus sacó la casetera, ya ni se usaba de tan desactualizada, pero él la llevaba a todo paseo. Oímos música e hicimos coro hasta agotar las pilas. Aunque en ocasiones insistían, nunca más permití burlas hacia el Gus en mi presencia. Se juntaba con nosotros desde su distinta forma de ser. Del grupo su amiga de verdad, era yo. ¡Cuánto amaba la poesía, la música, el dibujo! Me regaló emocionado la sensibilidad de su mundo. Desgarbado, desgreñado, gran ser humano. No era tímido, quizás reservado y medio alejado de la realidad, esa realidad prosaica que decía despreciar. Lo quiero tanto, hasta ahora.

Al regreso la oscuridad aparecía entre los rezagos de la tarde. Me atemorizaba. El Xavi me protegía rodeándome con sus brazos y yo me enternecía, entera en medio de su fuerza y cobijo. El alma es un ave sabia, aletea en los nidos más cálidos. En la desgracia de la Tanita, hoyo tétrico, él a mi lado. Por entonces ni tú ni yo Xavi sospechábamos este presente, pero aquí está, intenso e irremediable. Debimos tener un adiós fuera de esta embestida.

Los vodkas se suceden con rapidez. Corazón y mente se enredan y languidecen bajo sus efectos. ¿Dónde está aquel muchacho de ojos obscuros como mirlos cantores? Sonríe ante imágenes tan lejanas. Esa envejecida felicidad consigue por instantes alumbrar este presente amargo.

¡Uff! Me parece oír un teléfono. No quiero hablar con nadie. Ni siquiera contigo. Estoy sola conmigo, así quiero seguir esta noche doliente y pérfida. No me arrepiento de mi vida. Aquí renazco. A lo mejor un día despida esta quimera, ¿es una quimera? No sé… Faltan mis hijos. Los demás pueden esperar… Bueno, no sé… Me duermo… La chimenea se apaga. Me voy a la cama… Pero te digo esto, Xavier Ricaurte, ¡deshiela el corazón! No busques vaciar tu dolor en mí. Calma el ego. No soy culpable, víctima o vencedora, aunque desde distintos pareceres puedan definirme como cada una de esas versiones, como las tres, o como ninguna.

V.

Tamara y Tania nacieron por cesárea una mañana de marzo de 1988. Debido a la condición prematura permanecieron cinco semanas en la clínica recibiendo atención médica para la maduración de sus pulmones. Lucía se quedó con ellas hasta recibir el alta y Ramón pudo al fin llevarlas a la casa. Un verdadero alboroto familiar fue la bienvenida. Para sus hermanos Antonio y Belinda, de ocho y cinco años, las mellizas eran gran novedad. Incluso se apartaron de los juegos por varios días, pronto empezaron a aburrirse pues las niñas no respondían como esperaban a las travesuras inventadas para ellas. Sin embargo volvían curiosos, les llamaba la atención los movimientos de brazos y pies tan chiquititos. Las caritas con expresión atónita cuando les hablaban y les hacían cariñitos, los embelesaban.

Contemplar sus rasgos y expresiones indagando supuestos parecidos entre sí fue competencia diaria. Solo el azul infinito de los ojos de ambas era el mismo, igual a los suyos, heredado de Lucía. Mucho tiempo pasó hasta comprender porqué no eran iguales. Eran mellizas no gemelas. Abuelos, tíos y primos y amigos les hacían visitas pues dadas las circunstancias del embarazo y del parto la existencia de las niñas fue casi un milagro. Pasados los primeros meses a Antonio empezó a gustarle más Tamara, sonreía y juntaba las manitos al verlo. Cuando cantaba hacía gorgojitos. Belinda se encantaba con ambas.

Lucía asumió dedicación absoluta con sus hijas. Incluía el cumplimiento de controles médicos y programas de estimulación temprana. De otra parte, les procuraba recetas de medicina natural de Aleska, su abuela paterna, que la tía Rasia conservaba intactas en la memoria. Estela, madre de Lucía, les preparaba baños energéticos y programaba salidas al campo convertidas en paseos para todos, antes de irse a radicar en Canadá. Enorme preocupación por el bienestar de las mellizas, al punto de constituirse en guía de actividades familiares. Avanzaba una especie de consagración en forma de vida, a Lucía le sirvió para escapar de la rutina y escapar de Ramón. En la evasión, sin quererlo, relegó a Antonio y a Belinda, más tarde lo haría con Tamara.

Temprano las personalidades de las pequeñas se fueron demarcando diferentes aunque compartían expresiones, maneras y actitudes tal vez por el tiempo juntas. Dependientes entre sí y a su vez las dos dependientes de la madre, les gustaba caminar agarradas de la falda de Lucía, una de cada lado. Brusco en sus relaciones personales, Ramón no fue padre cercano para ninguno de sus hijos. Los amó a distancia, a control remoto.

Eran bonitas y delgadas. Tania más más delgada. Tamara de pelo lacio obscuro, Tania de pelo muy claro. Tamara tímida, cedía con un poco de insistencia. Tania retraída e inaccesible. Tamara intentaba incursionar en el entorno, Tania no respondía bien a estímulos externos prefería el universo de mutua comprensión donde se compenetraba con su hermana. Puente solo cruzado por ellas.

Inventaron juegos. Dibujaban a cuatro manos flores de colores, figuras de padres y hermanos respecto de las cuales discutían por la forma como cada una los veía. De la nada salían personajes en las paredes recubiertas con papel plastificado, Lucía lo limpiaba una y otra vez y ellas volvían a pintorretearlas. En cuanto aprendieron a leer Ramón les compró libros, Tamara los leía en voz alta para las dos. Las muñecas las emocionaban, eran junto a Tania las hijas de Tamara quien se deleitaba al actuar de madre. Chapotear en el agua, divertimento mayor, al quedarles estrecha la bañera una enorme piscina inflable en el jardín era el océano por el cual visitaban los rincones del mundo. Saltar y correr bajo la lluvia, abrir la boca mientras el granizo arreciaba, placer casi perfecto que Lucía o cualquier otro deshacía de un jalón para hacerlas entrar a la casa.

Habitaban el paraíso. De ese cosmos particular participaban Lucía y Antonio, Belinda a mayor distancia. Más allá solo existía la nada y en la nada a Tania se le ofuscaba el entendimiento y reaccionaba sin explicación de forma agresiva. Cuando por algún motivo cruzaban la línea roja Tania llevaba a su melliza de vuelta a atrincherarse. No obstante, al crecer Tamara se interesó en espacios fuera de esos límites. Gustaba de otras compañías. Acortó los alejamientos con primos y vecinos. A Tania le costaba o no quería hacerlo, en ese tiempo nunca hubo seguridad al respecto.

Gran complicación constituyó la escuela para Tania. Vomitaba en el autobús escolar, llegaba con fiebre al establecimiento por lo cual iba directo a la enfermería y de ahí de regreso a la casa. Su participación en la dinámica de aprendizaje era baja y la relación con los compañeros, huraña y esquiva. Al contrario, Tamara se integraba bien al grupo aunque en recreos y actividades fuera del aula se sentaba junto a su hermana y permanecían apartadas y solas. En respuesta los otros niños les ponían distancia. Situación desbordada, se produjeron comentarios, chácharas y burlas, Tamara las enfrentó por proteger a su hermana no porque le sobrara ánimo. Poco dispuesta y asustada sentía encima de ella la obligación de hacerlo.

Estas ofensivas la templaron, también le causaron sentimientos de orfandad, el asedio contra Tania, el acoso, la desmoronaban. Nadie atendía su angustia. El apego con Antonio, Toñino, su hermano querido, fue el soporte reconfortante, más aún al oírlo reclamar a sus padres por la injusticia de hacerla depositaria de una carga no correspondiente. Llegó a exigirles solicitar ayuda para Tania en el departamento de sicología de la escuela. Renuentes en principio, Lucía y Ramón accedieron frente al proceder poco común de su hija.

Después de estudiar el caso, tenía alguna información previa, la directora del área de sicología convocó a las mellizas. Pruebas y conversaciones le advirtieron factores presentes para el desarrollo de una condición manipuladora en Tania. Alertó a los padres sobre implicaciones para los miembros del entorno, y de modo particular para Tamara dada la presión de Tania sobre ella.

Trastorno Límite de Personalidad, diagnóstico concluyente derivado en irregularidades y desarreglos de conducta por lo cual propuso un tratamiento de involucramiento familiar. La sicóloga trató de apartar a Tamara de la primera fila donde la habían ubicado en favor de Tania, mediante terapia de reconocimiento individual de cada una. No tuvo mayor efecto. Al poco tiempo, sin resultados, sugirió consulta siquiátrica extra escolar para Tania. Quedaron sorprendidos. Ramón rechazó la recomendación con el acuerdo de Lucía. La inscribieron en el programa de estudios dirigidos en casa, así evitarían la alteración causada por las clases presenciales.

En medio de la atmósfera familiar alterada, un remolino nacía en el interior de Tamara quien asfixiada experimentaba una ostensible suerte de desafecto hacia Tania. Extenuada de ser prisionera forzada al desasosiego en ascenso y sin mejoras en el comportamiento de la melliza, Tamara desertó de la misión impuesta de guardiana, de la mano de Antonio con el reproche de Lucía y Ramón, incluso de Belinda.

Se alivianó de la carga. Sintió odiar a su hermana u odiar la situación no lo tenía claro. O tal vez el odio por la situación encubría un odio por Tania imposible de aceptar. Avalancha que la confundía en una lucha soterrada entre crueldad y compasión, perversidad y ternura. Se avergonzaba ante sí misma. Se fustigaba por albergar sentimientos tan impropios constatados a diario e imposibles de eludir. Salvo Antonio, nadie notó su sufrimiento, atrapados en torno a las dificultades de su hermana. Tamara huyó en estampida, los abuelos Armand y Estela fueron muchas veces asilo de sus penas.

Tania, solitaria y taciturna, padeció la fractura de su mundo. Quedó desolada. El resentimiento adquirió matices de rencor. Habituada a la condición de víctima se resistió a superarla, no se esforzó por liberar el dolor sino en permanecer en el centro privilegiado de atención. Reaccionó tratando de situar entre dos aguas a Tamara, quien esta vez no sucumbió al apremio, no estaba dispuesta a perturbar el respiro conseguido. Luchó por espantar fantasmas bajo la sentencia de Antonio a la familia:

-Deben entender, todos debemos entender, la Tamy no es la pieza clave en la recuperación de la Tanita, eso no solo es egoísta sino cruel. No es responsabilidad de la Tamy. Repito y repetiré, los padres son ustedes. Asúmanlo de una vez.

Con seguridad el clima familiar influyó en la personalidad de Tamara fluctuante entre dramática sensibilidad y enérgica firmeza, frentes en ella opuestos no complementarios. Puestos en balanza la hipersensibilidad gravitaba.

VI.

Tiempo adolescente. Tamara se dispuso a cruzar las barricadas del paso de la niñez. Entre la Chinita, la Carito, la Maravilla, fueron compinches en las andanzas próximas a la juventud.

Muchas más veces de lo sospechado el colegio ha funcionado a modo de celestino. Coqueteos, ansias, seducciones, amores y pasiones brotan y crecen entre aulas, corredores, patios. Cada inicio del año escolar en medio de la algarabía, revolotean alegrías sobre vivencias reales, inventadas o exageradas, contadas entre risas y susurros. Reencuentros luego de las vacaciones o encuentros con nuevos compañeros de clases. Época de recordación, entonces sin mayor conciencia de nadie sobre su naturaleza maravillosa. A las orugas les empiezan a crecer alas.

Tamara corre por uno de los pasillos, es el primer día del cuarto curso de secundaria, choca con un muchacho delgado de pelo ensortijado. Buena nota. La camiseta y el pantalón se le escurrían por el cuerpo, llevaba el suéter atado a la cintura y la mochila era muy abultada, parecía la de montañista a punto de escalar. –Hola, -le dijo este esmirriado. Tenía la mirada vivaz en medio de negrísimas y largas pestañas cubiertas por espesas cejas también muy negras. –Hola, -contestó ella sonriendo. Se dijeron los nombres y apenas unos cuantos comentarios. Xavier, nuevo en la ciudad y en este colegio, andaba desubicado. Por negocios de su familia acababa de trasladarse desde la costa.

Su madre los había matriculado a él y a su hermano Mauricio en esta institución académica con la idea de incorporarse a un buen nivel de vida en la urbe cuya sociedad desconocía pero sabía elitista por referencias. Las impresiones iniciales de Quito en Xavier no parecían empatar con su compás tropical. Ambiente apacible, gente para dentro de sí, no congeniaban con el espíritu desenfadado de un guayaquileño de ancestro. Tal vez por eso le encantó la espontaneidad de esta muchacha de sorprendentes ojos azules y sonrisa fácil, con quien, luego de chocar y presentarse, recorrió un breve trecho y acordaron encontrarse a la salida. En el ciclo diversificado del bachillerato de ese entonces, Tamara asistía a Químico-Biólogo y Xavier a Ciencias Sociales.

Los días los iban uniendo o ellos forzaron a los días para unirse. Cada uno se agradaba en compañía del otro. Vagar a ratos por las calles después del colegio, echarle aliento tibio al aire frío, fumar del mismo cigarrillo, correr bajo el sol o la lluvia, contarse secretitos, hablar cosas locas, oír música loca. En los recreos iban en grupos armados y desarmados por simpatías e intereses hacia el patio trasero a poner apodos, remedar y burlarse de los profesores, pescar espejismos y aprender a encender sus fuegos, galantearse y contarse conquistas o despidos amorosos. La presencia de Xavier florecía a Tamara. Se animaba y llenaba de alegría. Y empezaron a percibirse distinto, a ser mejores amigos, novios y amantes al mismo tiempo.

La ternura volvió mágica la inexperiencia de la primera intimidad. Tamara escondió el miedo bajo el delirio. Xavier fue torpe amoroso guía del sendero, Tania se dejó llevar entre cintas coloridas que encendían su desnudez. Pieles unidas en cada gota de sudor y de placer, miradas irrumpiendo ardorosas. Las manos adivinaron sus geografías mientras las pupilas se asombraban de amor. Se inundaron. Rieron en el fuego. Dos gatos en la oscuridad. Se juraron el uno al otro para siempre.

Una noche de contrabando como tantas, abrazados, Xavier le contó acerca del día caluroso en enero de algún año, cuando el contador Guillermo Ricaurte, su padre, salió de la casa para no volver. Se había enamorado de Pilar, la hermana del gerente en la fábrica de aceites comestibles donde trabajaba. Con ella tuvo una hija, Cecilia María, su hermana pequeña, chiquilla simpática y sociable con quien se vio en esporádicas ocasiones. Al parecer Guillermo encontró en ellas la calma ansiada. No los descuidó, ni a él ni a su hermano menor, Mauricio. Abrió una cuenta de ahorros bancaria para los gastos de estudios, mensualmente depositaba cantidades mayores al valor de las pensiones escolares con el fin de acumular el sobrante para la universidad e imprevistos de cualquier tipo.

Guillermo, Xavier y Mauricio, se juntaban en encuentros de grata charla y buen conecte entre los tres. No obstante la vida con el padre se redujo a estas reuniones en las que el amor se apretaba para darse entero. Guillermo falleció en accidente automovilístico unos meses antes de que Ana, madre de Xavier y Mauricio, consiguiera el traslado laboral del Banco de Fomento de Guayaquil donde trabajaba desde hacía mucho tiempo, al de Quito. Para los hermanos esa muerte fue hacha de metal filudo, helado. Denso luto del corazón.

Con motivo de los trámites legales por la venta de la casa playera heredada por Guillermo a los tres hijos, se reunieron en Guayaquil. Pilar y Cecilia María aprovecharon para despedirse pues se radicarían en Miami. Mientras, Xavier y Mauricio se aprestaban a cambiar de ciudad. Ángel, el novio de Ana, se montó en un proyecto comercial del cual aseguraba viabilidad y, sobre todo, prosperidad, precisaba vivir en Quito. Negocio prometedor. Para apoyar la idea, Ana vendió la casa familiar de Guayaquil y adujo urgente necesidad de cambiar de aires.

Xavier insistía en el amor por su padre, ausencia de alarmas en ningún sentido hacia él. Sin embargo la reiteración, algún sollozo mal disimulado y un matiz en la mirada, le contaron a Tamara sobre una decepción inmersa en su ser profundo. Amor lastimado, pensaba ella. Por prudencia nunca comentó al respecto aunque tampoco dejó nunca de percibirlo cuando se mencionaba a don Guillermo Ricaurte.

Xavier y Mauricio recuerdan desde los más prontos años la problemática relación de sus padres. Intereses disímiles, caracteres contrarios, sobrellevaban el matrimonio con los años convertido en tormento. De estratos distintos, Ana y Guillermo no consiguieron avenirse por ninguna línea. Miradas de presente y futuro enfocadas desde ángulos opuestos y pensadas con total divergencia. De la atracción primera nada quedó, solo dos seres bajo el temporal corriendo a contravía para salvar sus existencias. Ana criticaba y culpaba a Guillermo en público y en privado, y lo avergonzaba por los deterioros y menoscabos por ella configurados.

Tamara hubiera querido mostrarle a Xavier el carrusel de su infancia en el lapso de alegría. Pero la melancolía, mezcla de sinsabores surgido en aquel tiempo, aparecía de modo inevitable. Con los ojos brillantes le habla emocionada de Antonio, su más grande amor, el mejor hermano que nadie ha tenido. Lo ama con la vida como si fuera su papá, con el de verdad nunca ha tenido puente para cruzar. Y no porque sea mala persona o un hombre malintencionado, por el contrario no daña a nadie de forma expresa, solo es muy cerrado, de carácter áspero, poco tratable. La brusquedad limitó sus relaciones. Es un ser solitario. Por eso Lucía, su madre, prefirió adaptarse a problematizarse. Le refiere a sus dos hermanas, Belinda, gran estudiante y fiestera, en ese orden aunque sean facetas opuestas en apariencia. Y Tania, su melliza.

VII.

En una kermesse del colegio, Xavier le presentó a Ana, su madre. Atendía el kiosko del curso donde vendían sánduches y refrescos recolectando fondos para el paseo de fin de año. A través del parlante promocionaba, acompañada de música tropical, productos y boletos para una de las rifas programadas. Mujer agradable, primera apreciación de Tamara. Tez morena, bajita, gordita, vestía ropa ajustada. Activa y parlanchina, eléctrica en realidad. Se hicieron amigas, a pesar de no parecerse tenían punto en común, más tarde descubriría Tamara se daba en disputa soterrada, Xavier.

Ana gustaba reiterar ideas, incluso ocurrencias y suposiciones de tono vivencial religioso, a las cuales otorgaba calidad de verdades y armaba con ellas sentencias inapelables. Estas redundancias funcionaban como salvavidas de su ansiedad. También acostumbraba a esconder deseos íntimos en supuestas normas de conducta, como los méritos que debía cumplir Tamara para ser la pareja de su hijo.

–Arréglate bien, ¿no ves a Antonio? Si te ve fea se va a decepcionar y cualquier otra te lo va a quitar. A los hombres guapos e inteligentes les gustan las mujeres bien arregladitas–. Le repetía convencida de sus palabras.

Tamara sonreía a fuerzas. El amor por Xavier detenía cualquier conflicto y disimulaba el hartazgo, cada vez con menos ganas de lograrlo por lo cual dejaba escapar comentarios irónicos, Ana hábilmente los ignoraba. Reflexiva y desconfiada en una de sus facetas, Tamara daba vueltas a sus percepciones y así dudó de la sinceridad de Ana. Conjeturó o intuyó y fue sospechando sobre el cariño alardeado, y llegó a la determinación de que en realidad concernía al control sobre Xavier. Estaba segura, además, de la vergüenza o culpa de Ana tornada en obsesión por sus hijos, debido a la relación con Ángel, el novio. Temía hacerlos sentir abandonados y ser por ello desamparada. Xavier y Mauricio eran epicentro de su existencia.

De ser ciertas estas apreciaciones, el temor carecía de fundamentos. No conocía muy a fondo a Mauricio pero era evidente el amor de ambos por la madre. Si bien los nexos entre Xavier y Ana fueron enredados con Mauricio fluían sin contratiempos. La presencia de Ángel era obstáculo. Ninguno de los dos congeniaba con él, lo tachaban de badulaque sin embargo creían en el derecho de Ana a tener pareja después del abandono de Guillermo. No les perturbaba el noviazgo sino el personaje. Y corroborando esos criterios y como se vislumbraba, el negocio de Ángel fracasó. Exportar pulpas congeladas de frutas exóticas requería bastante más que voluntad, se entrampó en la tramitología burocrática y perdió parte del capital de inversión. Separación fulminante. No volvieron a saber de su existencia.

El conjunto habitacional al que se mudaron en Quito lo habitaba gente clase media bien acomodada. Ana pudo comprar una casa en esta bonita zona al vender la de Guayaquil más un préstamo institucional. Al poco tiempo había hecho amistad con varios vecinos. Pronto empezó a colaborar, animar celebraciones. Se hizo cargo de la realización de la Novena del Niño en Navidad, de recoger ropa y juguetes usados para ir en comitiva a entregarlos en asilos y orfanatos. Organizaba la preparación de la colada morada y de la fanesca con misas incluidas, rifas, parrilladas, cafés mensuales. De este modo se enteraba de los problemas de la comunidad, y ponía voz de alerta a la directiva del condominio. Deseaba ser bien aceptada. Y lo conseguía. Conversadora amena, Ana era visita entretenida.

VIII.

Ramón Medina, padre de Tamara, provenía de familia campesina de medianos recursos que pudo sortear necesidades y con esfuerzos logró educación universitaria para los cuatro hijos. Agricultores de tierra fértil con sembríos cosechados en la finca heredada por los abuelos, en la zona rural de Chunchi, provincia del Chimborazo. Cultivaban papa, tomate, maíz, quinua, haba, cebada, fréjol, arveja. Por entonces el agro se vinculaba de forma directa a la estabilidad económica. Trabajar el campo, producir, ahorrar y mantener la vida sin angustias. Familia convencida de criar a los hijos en el temor a Dios, la mejor manera de educarlos y evitar descarríos. Así lo hicieron y así los formaron.

Estudiaba ingeniería civil en la Escuela Politécnica del Chimborazo cuando conoció a Catalina. Quedó encandilado. Prima de Ernesto Martínez, amigo de una hacienda cercana, la muchacha venía en ocasiones desde la capital donde vivía a pasar días de vacaciones. Cada visita de Catalina inflamaba el corazón de Ramón. Su carácter reservado era cortapisa para los afanes amorosos y a pesar de las diligencias cómplices de Ernesto la relación no pasó de cruzar saludos sin interés para Catalina. Ramón no supo ni quiso reconocerlo. En uno de esos viajes llegó feliz y alborotada con la noticia de su boda, repartió invitaciones, entre ellas no hubo una para Ramón. La ilusión de pretendiente novato fue destrozada. Este episodio le despertó desprecio por las mujercitas petulantes y soberbias, como definió a Catalina. El rechazo de un querer sin palabra de por medio hacia un hombre de buena intención es inadmisible, concluyó. Salvo que el tal rechazo cabía solo en su mente, no existió, ella ni siquiera determinó bien su presencia en ocasión alguna.

Graduado de ingeniero, el profesor de Diseño de Proyectos Estructurales lo recomendó con un pariente suyo para un puesto menor en una dependencia pública en Quito a donde se trasladó a vivir. La eficiencia y el empeño en las labores lo hicieron ascender. No era persona popular entre los colegas, solo muy de cuando en cuando acudía a reuniones sociales de la oficina. Designado tesorero de la comisión organizadora en la celebración de San Valentín, la asistencia fue inexcusable. La directora administrativa de la entidad había convidado a su amiga Lucía Kowalski al festejo. A Ramón le impresionó el indescifrable azul de sus ojos sobre la blanca tersura del cutis. Averiguó su teléfono, la contactó, iniciaron las salidas y de a poco un enamoramiento sin arrebatos pasionales. Lucía, mujer ideal para casarse, se dijo Ramón. Ella contaba con varios pretendientes, nunca después se explicó porqué prefirió los galanteos de Ramón por sobre otros.

IX.

Los hermanos y parientes de Estela, madre de Lucía, se llenaban de orgullo al mencionar su linaje quiteño de cepa. Argüían parentesco colonial con José Mejía Lequerica, criollo (llamados así los nacidos en Quito de ascendencia española directa) venido al mundo en 1775. Destacado político, abogado, médico y brillante orador. Hombre de gran prestancia y presencia, mantuvo relaciones con coidearios de la causa independentista durante toda su corta vida.

Nombrado diputado en la Corte de Cádiz en 1812 donde se redactó la primera Constituyente española, llamada Constitución de Cádiz, base del gobierno monárquico constitucional. De gran incidencia en las Américas, este documento estableció los principios del constitucionalismo y alentó las ideas independentistas del continente. Conformada por 702 miembros, españoles y americanos, reunidos en el Museo de las Constituciones, en enero de 1813 esta Corte escuchó los magistrales discursos de Mejía Lequerica sobre la igualdad ante la ley y la preservación de la libertad individual, la libertad de expresión y de imprenta. Sus disertaciones en defensa del pueblo americano y en condena de los vicios del coloniaje, fueron reconocidas como extraordinarias. El revolucionario de las Cortes de Cádiz. *Patria es una hermanable reunión de hombres libres, en donde quiera que ellos estén.* José Mejía Lequerica, patriota de América.

En las colonias españolas, por tanto en la Real Audiencia de Quito de fines del siglo XVIII, se fraguaban ideas emancipadoras. Entre los precursores de la independencia, se distingue la figura de Eugenio Espejo, médico, abogado, filósofo, periodista, formado en las ideas de la Ilustración. La brillantez y versatilidad de su pensamiento más fuerza y coraje produjeron una extensa y valiosa obra. Perseguido y acusado de conspiración murió en Quito en diciembre de 1795. Maestro de José Mejía Lequerica, definió en él la conciencia social y política de la libertad de América respecto de la Corona española.

En la iglesia El Sagrario de Quito, en 1796, José Mejía Lequerica contrajo nupcias con Manuela Espejo, hermana de Eugenio Espejo. El padrino de bodas fue el prócer de la Independencia Juan de Dios Morales, asesinado por los realistas el 2 de agosto de 1810, un año después de la Revolución de Quito, llamada Primer Grito de Independencia. Fuertes rumores circularon respecto de los amores de Mejía con una bella criolla quiteña fallecida en el parto del hijo de ambos. El niño quedó a cuidado de sus tías maternas y constituiría la línea de descendencia, confirmada en estudio genealógico, de la familia de Lucía.

Los abuelos paternos, por su parte, polacos de Cracovia. En 1938 el matrimonio formado por los jóvenes Pawel Kowalski y Aleska Mazur y sus hijos Rasia y Armand, salieron de un país empobrecido hacia Marsella donde el tío Zarek, hombre viudo con un hijo enfermo, le había conseguido un trabajo temporal en el puerto. Cumplido el plazo y llegada la fecha prevista, el retorno a Cracovia fue frustrado, Polonia había sido invadida por el Tercer Reich. Nikolai, padre de Pawel, mantenía en propiedad una pequeña fábrica de botones en relación comercial de muchos años con algunos compradores judíos. Las SS (*Schutzstaffel,* escuadrones de protección nazi) escarbando todo rastro semita encontraron el vínculo y demandaron el cierre del establecimiento. La resistencia de Nikolai fue el detonante para llevárselo y declararlo desaparecido. Por su origen español, la madre de Pawel intentó refugiarse con sus hijas en España, en ese momento país convulsionado por la guerra civil en la que triunfaron los falangistas dirigidos por Francisco Franco quien instauraría de inmediato una dictadura fascista. No se supo de ellas. Ante estas circunstancias Zarek alojó en su casa en Marsella al sobrino y la familia en situación estrecha y delicada. Pawel ya con un regular francés conseguía trabajos ocasionales para sobrevivir sin agravar la carga a su tío Zarek.

En 1940 la Alemania nazi con la colaboración del gobierno de Vichy liderado por el bien dispuesto mariscal Philippe Pétain, ocupa Francia. Se desata la cacería. De modo inmediato el estadounidense Comité de Rescate de Emergencia, ONG impulsada años antes por Albert Einstein, inició operaciones en Europa con el fin de transportar hacia Estados Unidos a artistas e intelectuales perseguidos. Zarek embarcó como pudo, casi de milagro y carambola, a Pawel y su familia en el barco mercante *Capitaine Paul Lemerle*. En marzo de 1941 el navío zarpó desde Marsella hacia Fort de France en la isla La Martinica haciendo paso por Casablanca. Alrededor de trescientos fugitivos del fascismo se embarcaron rumbo a las Américas. La travesía fue horrorosa, Pawel y Aleska con dos niños pequeños, como casi todos los ocupantes, debían dormir a la intemperie en la cubierta del barco y disputarse la comida.

Entre los pasajeros había personajes ilustres, intelectuales, artistas, investigadores Víctor Sergé, André Breton junto con su esposa la pintora Jacqueline Lamba, Marc Chagall y su esposa Helena Holzer, Marcel Duchamp, Heinrich Mann, Max Ernst, Claude Lévi-Strauss. Todos huían de una Europa apocalíptica. La coincidencia de estos pensadores supuso teorías a partir de la fusión ideológica de una nueva izquierda con base en el anticolonialismo.

El filósofo judío alemán Walter Benjamin, formó parte de los artistas e intelectuales auxiliados por el Comité de Rescate de Emergencia. Partió de Francia, lugar de su residencia desde el ascenso de Hitler al poder, hacia España de paso a Portugal con destino final a Estados Unidos donde lo esperaba una invitación laboral. Cruzada la frontera por los Pirineos, en suelo español, versiones afirman haber sido arrestado por la Guardia Civil pues no poseía el permiso de salida francés requerido. Benjamin habrá calculado una segura devolución a Francia, y su dignidad no estaba dispuesta a dejarse capturar y humillar por la Gestapo. Se habló de derrame cerebral, ingesta de alta dosis de morfina, lo cierto es que el 26 de septiembre de 1940, en Portbou, España, a los 48 años, muere uno de los más grandes intelectuales de occidente queriendo salvarse de la barbarie.

En una situación sin salida no tengo más opción que ponerle fin. Será en un pequeño pueblo de los Pirineos en el que nadie me conoce donde mi vida se acabará. Le ruego que transmita mis pensamientos a mi amigo Adorno y le explique la situación en la que me ha encontrado. No queda tiempo suficiente para escribir todas las cartas que me hubiera gustado.

Walter Benjamin
(dirigida a Henry Gurland para ser transmitida a Theodoro Adorno)

El plan de Pawel y Aleska consistía en camuflarse e ingresar a Estados Unidos. Sin visa y con dos niños el objetivo se hizo imposible de alcanzar. En viaje menos tenebroso, tratando de gastar la menor cantidad del dinero ahorrado y del entregado por las manos generosas del tío Zarek, lograron arribar desde La Martinica al Puerto de La Guaira en Venezuela. El clima agobiante estableció el disparador, se trasladaron a una ciudad recomendada por hermosa y templada en Los Andes. Quito, capital del Ecuador, recibió a Pawel y Aleska, a sus hijos Rasia y Armand, más tarde padre de Lucía, una mañana de verano en la cual el travieso sol quiteño exhibía su esplendor. El precario español recordado por Pawel de su madre ayudó a la pausada adaptación. Se asentaron en el centro de la urbe donde montaron una ferretería, y de a poco lograron una vida desahogada. Criaron a los hijos y se fusionaron con la corriente del país sudamericano tan distinto al de sus orígenes. Armand Kowalski se casó con Estela Cárdenas, y Rasia permaneció soltera.

X.

Ramón espació los regresos al campo. Los fines de semana visitaba la casa de Lucía, en uno de ellos la invitó junto a Ximena, su hermana, los padres y la tía Raisa, a la finca a conocer a su familia. Bien acogidos y bien recibidos. Todos admirados, la hosquedad de Ramón había conquistado a una muchacha encantadora. El noviazgo duró casi dos años con agrado de Armand y Estela, padres de Lucía, y de la familia de Ramón. Pareja armoniosa, una vez en matrimonio Ramón ejercía rol de capitán y Lucía ejercía de marinero.

Alquilaron un departamento pequeño y confortable. Ramón aplicó a una vacante anunciada en el diario local, lo seleccionaron entre otros para el puesto de jefe de área. Pocos años después dio el salto y se incorporó a la gran empresa constructora donde trabajó toda la vida y donde llegó muy alto, a gerente general. Los socios confiaron en su lealtad con los intereses empresariales, en la precisa ejecución de disposiciones, en la austeridad para el manejo de recursos, en la visión para las inversiones. Nunca cambió de empleo.

Hogar propio y seguro, quizás las historias de los abuelos crearon en Lucía miedo excepcional a la inestabilidad. Adquirieron bienes, decidieron los hijos Antonio y Belinda, más tarde y sin decisión de por medio, llegaron las mellizas Tamara y Tania. Pasados unos años Rasia, la tía Rasia, se mudó con ellos. Un verano, Armand y Estela fueron de vacaciones a Canadá, donde Ximena, la hermana de Lucía, se había radicado con su esposo e hijos. Los viejos optaron por quedarse a vivir allá.

XI.

Xavier Ricaurte se interesó por el campo de las Ciencias Políticas con especial interés alrededor de historia política, sociología y afines. En Guayaquil pertenecía a un grupo dirigido por el profesor de Ciencias Sociales, leían obras de autores meritorios y luego las discutían y sacaban conclusiones comparativas con la realidad actual. Así conoció a José Carlos Mariátegui, Julio Antonio Mella, Leonardo Boff, y otros más. Algunos de los miembros incursionaban en tímidos artículos o breves ensayos valorados y publicados en periódicos o revistas colegiales.

En la capital, Xavier extrañó mucho esta actividad, se lamentaba haberla perdido como haber perdido un bien precioso. Una que otra vez viajaba hasta el puerto, por varias razones los desplazamientos se restringieron alterando el ritmo y la participación. En definitiva, no alcanzaba el cometido, pues si bien cumplía con lecturas y reflexiones personales faltaba la socialización de discusiones y análisis grupales enriquecedores del proceso.

En el colegio de Quito existían varios clubes de prácticas extra curriculares, se inscribió en periodismo pero no cuadró con sus inclinaciones. Después de darle vueltas replicó la experiencia. Primero convocó a sus cercanos, la China, el Ricky, el Pit, y por supuesto Tamara, en lo posterior hizo un llamado más amplio. El Pit llevó a la Renata, su novia de entonces, alumna de otro colegio, quien medio perdida acolitaba por acompañarlo no por afinidad. El grupo de estudio se conectó con movimientos estudiantiles y participó en eventos y marchas como incipiente práctica política. Tamara guardó para sí el desfile de un 1 de Mayo, fervor y convicción al sentirse a la vanguardia en la comprensión de un mundo en decadencia. Parte del acuerdo militante consigo misma, militancia personal, se reciprocaba en las conversaciones con Antonio, su hermano.

La poca capacidad de liderazgo y de orientación organizativa en Xavier imposibilitó la captación del verdadero sentido por parte de los convocados lo que derivó en reuniones cada vez más esporádicas, menos concurridas con lo cual el proyecto se diluyó. Al Pit el asunto le atraía sin profundizarlo en hechos, le agradaban las lecturas por conocimiento no por convencimiento. En Tamara la iniciativa trunca profundizó su afición por los libros cuyo espectro se amplió a conversaciones literarias en agrupaciones culturales. El compromiso político se hizo más social hacia causas dolientes y humanitarias y activó una paulatina vinculación con organizaciones de derechos humanos.

XII.

Conseguido el título de economista, Antonio Medina Kowalski, el Toñino, optó por trasladarse a Buenos Aires con el fin de realizar una maestría en Economía Ecológica. Y quién sabe si por continuar con los posteriores estudios de doctorado o debido a Camila, quien estremeció y endulzó su ser, o por las dos cosas, se quedó a vivir en Argentina, tan lejos del amor de Tamara. Ingeniera ambiental, Camila es la madre de sus tres hijos. Independiente y decidida, la mujer deseada y esperada en su yo interior. Toñino vuelve al Ecuador con bastante asiduidad a pasar días con la familia, por consultorías y asuntos académicos, es profesor invitado en algunas universidades. Analista y planificador destacado, minucioso y prolijo, muy serio y responsable en el ejercicio profesional. A la Tamy muñeca le dice riendo que solo viene a verla a ella. El hermano amado le enseñó cosas fundamentales para vivir, honestidad consigo misma, solidaridad, sencillez.

De personalidad fuerte con cierto toque de intransigencia no obstante condescendiente en relación con las circunstancias, Antonio mantiene en negación la debilidad con que su madre se condujo, en especial la dependencia respecto de Ramón, su padre. El rechazo a ese sentimiento le surge de lo profundo comenzando en la infancia, entonces sin mayor conciencia, de forma recurrente. Desasosiego y alegría afectivos se dan por Tamara, los avatares sufridos desde pequeña impulsaron el ánimo de fortalecerla. Ella es dual, oscila entre la fragilidad y la fortaleza, en ocasiones se afloja fácil y tiende a ahondar el pesimismo ofuscándose en la ansiedad y las secuelas depresivas. En otras, se crece en potencia y claridad.

El aparecimiento de Xavier en la vida de Tamara trajo serenidad a la inquietud de Antonio, temeroso de la reproducción de los comportamientos sumisos o resignados de su madre. Lo percibió compañero, uno capaz de sobreponer ímpetu y al mismo tiempo equilibrio a la inestabilidad de su hermana. Al marcharse a Buenos Aires confió en él, con seriedad. A Xavier la deferencia, el respeto y la consideración por parte del Toñino, le llegaron muy adentro.

Desde niño, cantar constaba entre sus pasiones. Con voz armoniosa solía juntarse a hacer música con varios amigos, incluidos, a pesar de la distancia en edad, el Pit, buen pianista y guitarrista, y el Xavi acolitaba con el bajo. Tocaban jazz aunque empataban con otros géneros y estuvieron inscritos en el gusto por los cancioneros de música latinoamericana.

El entusiasmo de los amigos lo trepaba al escenario de bares y eventos informales y lo convertía en cantor de verdad. Tamara, Xavier y el Pit eran fieles admiradores, acompañados de la Renata y el grupo acudían cuando podían encubrirse para entrar. A mediados de la primera década del nuevo milenio, con alrededor de dieciséis y diecisiete años, las más de las veces les cerraban la puerta en la cara. Las largas noches incluían baile, entre la consonancia de la rumba y las notas de sus instrumentos arribaban divertidos y exhaustos a la madrugada.

Futbolero empedernido, Toñino contagió la euforia por la Liga Deportiva Universitaria y por el fútbol, en ese estricto orden, a Xavier, quien con efervescencia emprendió su afición deportiva. Y así, fueron compinches de partidos, torneos, copas en que este equipo, llamado azucena o merengue por el color del uniforme, participaba. En cada juego de la Liga, Antonio lo llevaba a verla ganar, aunque igual, si perdía se amargaba un rato y volvía con furor a los graderíos. De cualquier manera, gane o pierda, cumplía su promesa de ir juntos al estadio. Margarita, linda muchacha de rizos de cascada, novia del Toñino y loca por él, hija de uno de los directivos del club, formaba parte del clan. Muy de repente los acompañaba la Tamy. Tampoco configuraba esa hinchada el Pit, equitación y tenis le ocupaban el espacio deportivo. Así, trepado a la grupa de los amigos liguistas de Toñino, Xavier se convirtió en hierba de los estadios y yunta frente al televisor cuando los partidos eran fuera de Quito.

LDU fue campeón del Torneo de Apertura del Ecuador 2005. Antonio, Xavier y la tropa vivieron auténtico delirio durante el partido decisivo del 24 de julio en el estadio Casa Blanca, LDU venció al Barcelona SC de Guayaquil 3 a 0. Por ese tiempo Xavier era fan a muerte de Alex Escobar, mediocampista colombiano, jugador del equipo, conocido como *Pibe del Barrio Obrero*. Ídolo a quien soñaba conocer, hablarle, estrecharle la mano, tomarse fotos, pedirle autógrafos. Toñino le prometió, de campeonear la Liga lo llevaría al asado, con farra incluida, que la directiva solía hacer para los jugadores en caso de ganar una copa. Y le cumplió. Xavier no bajó el cielo por varios días.

XIII.

Tania murió en el mar, enigmático como ella. Sucedió una mañana cuando un paseo familiar se convirtió en cortejo fúnebre. La playa era pura magia. Se encantaba con los encajes de espuma acarreados por las olas hasta sus pies para desvanecerse asustadas en segundos. Caracoles contándole quedo al oído historias remotas. Chispas diminutas de sol escondidas en la arena. Aroma salobre. El mar en gotas corriendo sobre la piel. Tania arrancó contenta embistiendo el rompeolas sin atención a los avisos y los gritos. Agitó los brazos pidiendo auxilio. La resaca asaltó sus bríos y la arrastró hacia lo profundo. Junto al sonido infatigable del agua brava vino la parca a consumar el designio. Todo intento de salvataje fue inútil.

Oscuro y sangrante el dolor los anegó a todos. La desgracia laceró cada una de sus almas de modo personal y familiar. Lucía se deshizo. Atrapada y envuelta en ráfagas de culpa sin conseguir nunca resolver del todo el duelo vivió el tormento en llaga viva, solo el tiempo pudo transformarlo en lastimada conformidad. Postergó a los hijos. Ramón hundió su aflicción dentro del coraje y la agresividad donde escondía los sentimientos que no podía manejar. Antonio y Belinda desconsolados por la hermana perdida sentían además la pérdida de la madre por segunda vez, la primera fue en el nacimiento de las mellizas. Rasia intentó ser consuelo para todos, no pudo, quiso mucho a Tania, su afectación fue inmensa. Conmoción. Barco en altamar bajo pleno vendaval. Erupción volcánica. Riada violenta. Huracán. Luto. Y más.

En Tamara el hecho produjo un socavón. La angustia la sofocaba y sus empeños por evadir el laberinto eran insuficientes, no alcanzaban a traspasar el muro del suplicio, convencida de su felonía al haberse trepado en la felicidad personal por sobre el desamparo a su hermana. El distanciamiento inmerecido de Lucía con ella, sin voluntad expresa la insinuaba responsable. Todo alrededor le enrostraba la soledad de Tania. No se convencía del accidente, creía en la deserción de vida de su melliza, lo cual la calcinaba hasta la médula. Suponía acusadoras las miradas y las rondas de murmullos a su paso. Condenada sin salvación. Auto flagelo.

No pudo sostener el peso. Huyó en busca de refugio, lo encontró en el alcohol. Le amortiguó la ansiedad, el padecimiento, la ayudó a adormecerse sobre ellos. Hurgaba en la cartera de su madre para robar dinero y comprar a escondidas el licor más barato aunque prefería el vodka, no deja rastros de olor. Se le apagó la risa. Atrasos e incumplimientos se multiplicaron. Fallar, trastocar horarios, olvidar compromisos se volvió costumbre, mala costumbre. Faltaba al colegio. Abandonó la lectura y un malhumor inusual se infiltró en su modo de ser. No veía casi a nadie. En la casa cada quien pasaba los días con amargura propia a cuestas, su escapatoria no fue en principio del todo evidente.

A Xavier el asunto le venía haciendo ruido. Rápido sospechó causas más allá del duelo en esa actitud tan extraña. Tamara era otra. Ya no leía, fuerte indicativo de perturbación en ella. Evasiva. Desaliñada. Somnolienta. Belinda, la hermana mayor, en medio de la pesadumbre, tuvo mala espina, como solía decir. Observó cambios drásticos en el ánimo, la vestimenta, la relación con el entorno, y notó que iban más allá de la tragedia vivida. Había algo oculto. Rebuscó cuadernos, anaqueles, cajones hasta dar con un par de botellas en una mochila escondida arriba del closet. Se dolió. No supo cómo enfrentarla incluso dudó hacerlo, se venció y le trató el tema con delicadeza. Tamara cayó en el vacío, asintió sin querer profundizar. Belinda no dijo palabra a sus padres, habría sido catastrófico.

Una noche en *Licor Bendito*, tienda a donde Xavier de vez en cuando iba por cigarrillos, vio acercarse la moto de su amigo Tomás, quien al verlo frenó a raya en la acera. Se acercó:

- ¿Qué fue Xavo? Ve, no quiero meterme en líos, hay algo jodido, difícil para mí, chuta, pero soy tu amigo. Bueno, verás, he visto a la Tamy aquí seguido, bastante tarde en las noches. Don Pancho me comentó, compra trago, de hecho a veces ya viene medio borracha, a él eso le sorprendió. Te paso el dato, bro, pero take it easy, no me descuelgues. Si te lo digo es por pana, ya sabes. Nos vemos.

Tomás arrancó y se perdió por la calle, no quería oír preguntas ni dar respuestas. Xavier, quedó pasmado en la vereda.

A partir de la muerte de Tania y por varios años la vida familiar que Lucía con puro empeño se afanó en sostener para ella, estuvo ausente. Hundida en el abatimiento y Ramón con mayor distancia de la usual. Rasia intentaba alentarlos pero un ambiente enfermo de desolación se había instaurado en la casa. Buen tiempo debió pasar hasta recuperar el aliento. Quebrantado, sin saber a quién recurrir, Xavier lo conversó con Belinda y entre los dos decidieron intervenir. Les tocaba a ellos abrir el atascadero y resolverlo. Belinda no muy segura, sucumbiendo al agobio se lo comunicó a Antonio quien tomó un atajo en sus múltiples ocupaciones en Buenos Aires y voló de inmediato a Quito.

Habló con Tamara, y le consagró gran ternura. Procedió de modo firme, como le hubiera correspondido a Ramón hacerlo. Fueron al siquiatra, el diagnóstico concluyó en trastorno por estrés postraumático con rasgos paranoides moderados y temporales. Se quedó con ella más de una semana. Confió otra vez en Xavier, le pidió de forma encarecida le informe sobre la evolución y el bienestar de su hermana. De igual modo hizo con Belinda. Sin secretos. Así los tres fueron cómplices solidarios en la recuperación, Tamara valoró el apoyo de estos abrigos emocionales como los llamó. Gratitud imperecedera, les quedó debiendo mucho por salvarla del hoyo que la desangró sin remediar nada.

Puedes correrle a la culpa, no esconderte de forma permanente. Te alcanza por atajos insospechados, su pretensión es azotarte. Acercarse a cada una de sus aristas y asimilar la imposibilidad de cambiar los hechos es una manera de irse deshaciendo de la carga. Es entender la inmovilidad del pasado. Que a lo mejor en el error tú eras también víctima. Comprender tranquiliza, ayuda a sanar. Belinda reportó al colegio e informó a la familia sobre una fuerte gastritis en tratamiento por la cual Tamara debía permanecer en reposo.

Llamó a su entrañable amigo Gus, le contó todo. La visitó, hubo abrazos llenos de energía y la mejor vibra. -Gracias por renacer, por ti y por mí que te quiero tanto, le dijo.

XIV.

Nuevo ritmo creció lento en la cotidianidad de la familia Medina. El vacío empezó a ocuparse sin deshacer las huellas. El matrimonio de Belinda con Emilio, estudiante de los últimos años de Medicina como ella, contribuyó con la levedad en el ambiente.

Al finalizar la etapa colegial el estado de Tamara estaba recuperado. Junto a sus compañeros se encantó con el viaje de fin de curso alrededor del cual se enfrascaron en hacer planes para los días increíbles fuera de la tutela de los padres, en realidad lo más atractivo para ellos. Después de varias reuniones el comité organizador designado para el efecto, conformado por autoridades, profesores y estudiantes, escogió a las Islas Galápagos.

Y así fue, el archipiélago con trece islas recostadas desde hace cuatro millones de años bajo el sol ecuatorial en el Océano Pacífico, surgidas de volcanes incandescentes, constituyó el escenario de uno de los últimos actos de la obra para los sesenta muchachos de los sextos cursos. El paraíso habitado por especies endémicas de más de quinientas plantas nativas y ciento ochenta de animales, marcó la despedida, el inicio del adiós al tiempo adolescente. Vivencias a tatuarse en lo profundo de la memoria.

Admirar la naturaleza en estado puro es la mayor energía emocional de este lugar increíble donde los animales desconocen el temor al humano, se acercan amistosos. Anfitriones invitando a compartir su casa.

En un magnífico crucero los muchachos realizaron el recorrido con paradas en algunas islas de acuerdo con el itinerario previsto. Temporada cuando es posible ver asombrosos pájaros de patas azules llamados piqueros, en otras los hay de patas rojas, grises y enmascarados en su exótica danza de apareamiento. El desembarque en panga en una playa coralina cerca de la Roca Pináculo de la Isla Bartolomé les permitió hacer un insólito snorkeling en medio de peces tropicales y pingüinos. Por supuesto el avistamiento de aves, la observación de la vida silvestre, animales, plantas y flores resultó fascinante. Al caer de las tardes sobre cubierta la alegría los rodeaba sin tregua. En las noches la algarabía de la juventud irrepetible colmaba el salón principal. Más tarde los pasillos eran puentes entre camarotes en medio de risas y pasión y algunas botellas de licor ocultas de la mirada controladora de los profesores acompañantes.

Cada isla tiene particularidades. En Santa Cruz las caminatas tuvieron la compañía de pinzones, sí, la misma especie estudiada por el naturalista inglés Charles Darwin en 1835, de hecho estos pajaritos tienen el nombre de Pinzones de Darwin. Con extensos bosques de Palo Santo en esta isla se encuentra la Estación Científica Charles Darwin donde conocieron programas de reproducción de tortugas gigantes.

Floreana guarda un secreto mitad histórico, mitad legendario, sin saberse con exactitud donde empieza y termina cada uno. El secreto alude al misterio referente a los alemanes: Baronesa Eloise Wehrborn de Wagner-Bosquet y sus dos amantes Rodolfo Lorenz, Roberto Phillipson quienes arribaron a la isla en los años treinta. Según dicen, la baronesa vino dispuesta a construir un lujoso hotel en el lugar sin avenirse con el sentido y la necesidad de conservación de la naturaleza, poco considerados en esa época. Sin embargo, al parecer esta idea funcionó como cortina pues se rumoreaba subyacían motivos de orden distinto, uno de ellos sería la operación de espionaje por parte de la baronesa para los japonenses.

Alrededor del mismo tiempo llegaron Federico Ritter y Doré Strauch por un lado, Heinz y Margret Wittmer con su hijo Harry por otro, por el contrario, en búsqueda de tranquilidad y pacífica convivencia con el medio. Sin embargo, otras versiones señalan a Federico Ritter como agente de un sector del ejército alemán opuesto al nazismo al cual informaba por radio sobre este punto de ubicación geográfica estratégica durante el ascenso del Tercer Reich al poder en la figura de Adolf Hitler. Sobre el Océano Pacífico el archipiélago constituía punto ideal de espionaje entre los, entonces distanciados, Japón y Alemania. Para ese tiempo las traiciones y el fisgoneo exponenciales eran parte de la política exterior. A fines de 1936 los dos países firmaron el Pacto Antikomintern en contra de la Unión Soviética. No obstante, la Alemania nazi y la URSS llegaron al acuerdo de no agresión sin la participación de Japón.

Pronto se produjo la obvia rivalidad entre inmigrantes. Los Wittmer aseguraban que Eloise, la baronesa, interceptaba su correspondencia con Europa, la reenviaba como propia a diarios que publicaron la información con gran despliegue noticioso. Las cartas relataban características y detalles de las islas, la vida en Floreana de la cual la baronesa se declaró dueña y afirmaba ser la emperatriz. Los colonos originarios tomaron aversión por Eloise y sus amantes, quienes, además, mantenían complicaciones debido a los celos desatados entre ellos.

La incógnita mayor se centra en el 27 de marzo de 1934 cuando Eloise y su amante Phillipson desaparecieron sin rastro, abandonando las pertenencias en la vivienda. Los cuerpos nunca fueron encontrados. Se especuló bastante con la zona de tiburones capaces de devorar cualquier cuerpo humano. Las explicaciones al respecto son variadas e inconclusas lo cual abrió espectro para teorías de toda clase. Según Margaret Wittmer cuenta la pareja partió a Tahití en un barco de paso por Galápagos, sin embargo las investigaciones no dieron cuenta del registro naviero en esos días, lo cual torna insostenible la versión. Dore Strauch en cambio recuerda haber escuchado un grito estremecedor antes de la supuesta desaparición.

Al poco tiempo, Lorenz, el otro amante, tomó un bote para llegar a la Isla San Cristóbal y tratar de regresar a Alemania. Nunca sucedió. Sus restos se localizaron en la Isla Marchena fuera de la ruta a San Cristóbal. A los cuatro días de la desaparición de Eloise y Phillipson, el doctor Ritter enfermó al comer carne envenenada, hecho extraño dada su condición vegetariana. Este relato también ha sido puesto en duda. Lo cierto, la Isla Floreana ha sido recubierta con velos de realidad y fantasía, teorías conspirativas y datos verídicos. Debido a la información remitida por la baronesa a Europa, muchos titulares de prensa forjaron sinnúmero de suposiciones. Frente a las ruinas de la casa de esta extraña mujer, la historia narrada por el guía, como a todos los visitantes, dejó a los muchachos un tanto perplejos.

Entre los siglos XVI y XVIII las islas fueron refugio de piratas y bucaneros, además, centro de balleneros, rodeadas de enigmas e intrigas en relación con sangrientas disputas por los tesoros escondidos o abandonados en ellas. Los corsarios ingleses, con licencia de la Corona, asaltaban las embarcaciones españolas con dirección a la península ibérica cargadas de riquezas, en especial en oro y plata, saqueadas en las Américas. Parte de estas riquezas era ocultada en las islas. Se cuenta de un pirata naufrago que vivió mucho tiempo en total soledad en una de las islas, y al ser rescatado se convirtió en la inspiración de Daniel De Foe para su obra Robinson Crusoe.

En el llamado Mirador de la Baronesa los muchachos contemplaron el mismo paisaje que ella casi un siglo atrás pues se dice pasaba horas detectando las rutas marítimas de los barcos. Haciendo bromas se fueron disipando del asombro de los relatos escuchados.

Con gorra de marinero que se ponía y sacaba al son de la música, en bermudas y con gafas, el Pit en plena proa se divertía mostrando destrezas para el baile y la seducción con cadenciosos pasos y ademanes conquistadores, seguro de cuánto cautivaban su figura y simpatía. Bajo el sol los mechones castaños de su pelo parecían haber sido untados con miel. Músculo, fuerza, piel dorada. Todo ritmo, puro sabor. Gustaba hacer bromas, a veces pesadas, no obstante, por alguna razón aún las pesadas subrayaban el tono lisonjero y ameno. Venía de infancia crecida entre adultos, quizás la personalidad se formó con un lado tan divertido y despreocupado para correrle a la soledad. Hijo último, hijo tardío. Pedro Baquero nació cuando sus dos hermanos, incluso sus primos, llegaban ya a la adolescencia.

Incapaz de admitir la frustración, Pedro evadía los retos capaces de producirla, en cuestiones trascendentes apostaba a lo seguro, en vez de apuesta, en realidad opción de certidumbre. De educación exquisita, hablaba inglés y francés desde pequeño. Tocaba piano y guitarra entre otros adornos. Sin compartir formas de ser en principio, en Xavier Ricaurte encontró sentimientos fraternalmente mutuos. Se convirtieron en amigos de acero.

El exhibicionismo acentuado del Pit en esos días se correspondía con ardientes fulgores, plenitud de libertad en las excitantes humedades subtropicales, conectados con María Pía Salazar, compañera de fugaces y furtivas escaramuzas de pasión en el pasado. Coqueteos descarados. Torrentes. Cataratas. Las madrugadas vieron salir a Xavier del camarote de Tamara, y algunas vieron al Pit salir del de María Pía. Y quien sabe, algún aire indiscreto acarreó hasta Renata el cuento del amorío. Terminado el encanto, de regreso al Ecuador continental, el Pit había sido ya despedido de los brazos de su novia.

—Chuta, metí la pata—, repetía. Penita sí me da. Pero bueno, ¡nadie me quita lo bailado! ¿Cierto, Xavo?

—Eres una bestia. ¡Puta sé prudente! Andas nomás como zángano picoteando entre las abejas reinas…

—Y vos ¿qué? Ni digas nada. Solo porque estaba la Tamy, sino, igual hubieras pecado, cholito. No te me hagas el monje tibetano.

— ¡Cállate, animal, cállate!

—Lo bueno de la pasión mi bro, es lo poquito que dura.

Reían.

—Ya, ya voy a llamar a la Renatita.

Y lo hizo, pero con seguridad Renata no le contestó. Nunca más estuvieron juntos.

De regreso se dedicaron a concluir los trabajos de investigación para su pronta presentación. Unos más unos menos, todos obtuvieron los promedios necesarios para graduarse de bachilleres. La ceremonia, la fiesta eran los pasos próximos sin duda repletos de carga emocional. Corte definitivo de ese tiempo. Quizás no vuelvan a verse, y de suceder serán otros distintos. Cierta trasnochada memoria, alguna repentina nostalgia, serán el sello de tanta vida compartida.

XVI.

Al final del suspiro colegial, todos los de la promoción, como antes otros y después otros, quedaron sueltos para pensar sus destinos, es cuando el entorno apremia a trazar parámetros sobre el futuro. Nuevo ciclo. Paso inseguro. La vida increpa y aboca a la autopista ignorada. Las tan fastidiosas obligaciones estudiantiles se van transformando en añoranzas alojadas para siempre en ese trecho del alma donde se arraiga lo imperecedero. Mantuvieron amistad a pesar de las nuevas cotidianidades. Para entonces el correo electrónico los ponía en contacto inmediato y los defendía de la desidia interpersonal entrometida. Podría aparecer y volverlos olvido. Se reunían por Skype y en las fiestas cumpleañeras de cada uno.

La China y el Ricky se inscribieron en Medicina. La Maravilla se decidió por el Diseño Gráfico, muy en boga por entonces, más tarde puso una agencia de publicidad en asocio con la Carito, quien dejó de ser la gordita bolita, especializada en marketing. El Gus en Nueva York cursaba tecnología y producción musical y sonora, más tarde tomó cursos de arte digital. Alumno destacado, Xavier Ricaurte olvidó la otrora ilusión por las ciencias políticas y optó por la abogacía. Pedro Baquero, de vocación casi congénita por las leyes pues abuelo, padre y hermanos eran profesionales en el ejercicio de la jurisprudencia, lo animó y convenció y le ofreció trabajo en la prestigiosa firma familiar. Estudio jurídico corporativo con representación legal de importantes empresas nacionales e internacionales. Antes de nacer Pedro Baquero tenía la vida económica resuelta, decidió en alguna medida asegurársela a quien fuera de modo literal su salvavidas académico. Retribución al auxilio prestado por Xavier a su apático rendimiento colegial y, fundamentalmente, universitario. Xavier fue SOS entre su dejadez y la severa observancia de su padre. Sin Xavier quizás Pedro no hubiese llegado a abogado.

Tamara por el contrario se encontraba de veras perdida, las charlas de orientación vocacional profesional sirvieron poco o nada. Le interesaban muchas cosas, ninguna con fin práctico, decía su padre. Un año sin presiones la ayudaría a encontrarse y solucionar esta traba. Requería tiempo para desenvolver marañas, distinguir intereses, establecer prioridades, elegir. Al finalizar el lapso planteado las ideas seguían sin concretarse, ante el apremio familiar se inclinó por educación de párvulos, sugerencia de Xavier atendiendo su gusto por los niños, buena preparación en la crianza de los hijos que vendrían. Le pareció razonable y decidió dejar para más tarde la literatura, el dibujo y otras tantas dispersas cosas. Es decir, las preferencias más personales se almacenaron en el después.

La carrera de Educación Parvularia en la Universidad San Francisco le proporcionaría el título habilitante para la práctica laboral en el ramo. No podía esperar más. Su interior le demandaba superar el disgusto de la comparación implícita con sus hermanos, economista el uno y estudiante de medicina la otra. En el desarrollo de la carrera, de forma colateral, se motivó con el concepto del Buen Vivir, Sumak Kawsay, eje transversal de la Constitución de 2008, que sustituyó el Plan de Desarrollo por el Plan Nacional del Buen Vivir. Tamara decidió participar en movimientos afines a esta propuesta como ejercicio efectivo de los Derechos Humanos priorizando el mejoramiento de la calidad de vida de la población. La promoción nacional de derechos fue el campo de acción en relación directa con la exclusión social. Militancia ciudadana desde agrupaciones religadas por compromiso, afectividad y pertenencia. A partir de perspectivas personales en consonancia con otros referentes, Xavier le señalaba que la importancia de tratos, acuerdos, negociaciones y demás, si bien sustanciales, suelen diluirse en el exagerado afán de forzada afinidad de intereses entre las partes. Demasiadas cosas quedan en las buenas intenciones del papel, tratados, convenios, convenciones, acuerdos, etc. En definitiva, el tratamiento de los derechos humanos termina en palabrería inútil. Tamara con visiones optimistas procuraba aclararle la nueva dirección como el replanteamiento en la aplicación. Xavier no lo creía viable.

XVII.

Y el amor brotaba a diario desde hondas raíces, Xavier y Tamara fueron siendo de a poco hábito entre familiares y amistades. Era usual verlos juntos en casi todas partes. Romance bienaventurado. El encanto y el contento les impidieron leer señales incipientes. Tamara adoptó un modo casual y cuidado en el vestir, le agregaba, convenga o no con el atuendo, shigras multicolores dentro de las cuales existían bazares completos y el infaltable libro que se encontrara leyendo. Por su parte, Xavier se formalizaba. De forma paulatina adoptaba sobria elegancia. En público sus respetuosas maneras exhortaban a la vez el respeto de los demás. Brecha de configuraciones se abría aunque hasta tanto, en Tamara y Xavier el proceder de comprensión, ceder y recibir, los sostenía.

Desde el quinto semestre de la facultad Xavier había iniciado la ruta laboral en Baquero&Asociados. Pudo mudarse de la casa de Ana, su madre, quien se quedó con Mauricio, el hijo menor. La independencia le concedió sentido de plenitud. Posteriormente, con el título enmarcado, junto a Pedro Baquero integró el staff de abogados, pasaron a nivel profesional de planta. Buena y segura situación económica lo llevaron directo al casamiento.

Y lo hicieron de forma conjunta, boda doble, Tamara y Xavier, la China y el Ricky. Por puro gusto y fraternidad. El sábado escogido, el día despertó esplendoroso. En una bella quinta en Puembo, Tumbaco, valle que rodea a Quito, la celebración reunió a gran cantidad de familiares, algunos apenas se conocían y otros se veían después de largo tiempo. Desde Canadá arribaron la tía Ximena con su prole y Armand y Estela, los abuelos. El Pit no asistió, la esposa se puso de parto.

Así fue, cuando sus amigos se casaron Pedro y Priscila se estrenaron como dichosos padre y madre. El Pit no podía haber encontrado mujer más adecuada, Priscila, sujetador con su aparente anuencia. Pretenciosa sin ostentaciones de nueva rica, no lo era. Bastante cercana a Xavier, algo distante de Tamara. Salían en parejas, se reunían seguido, compartían círculos en los que Tamara no se ubicaba del todo pero tampoco rehusaba a participar, se ajustaba con mediano o buen agrado. Reconocía para sí gente de conversación interesante con la cual intercambiaba, en especial, pareceres y opiniones literarias y artísticas. La carga de frivolidad circulante como pasarela de desfile, en cuestiones para ella trascendentes, le fastidiaba. Gafas trivializadoras del mundo. Por lo contrario, Xavier de muy buena gana se avenía al entorno.

Los matrimonios fueron felices y comieron perdices. Las alturas de Machu Picchu en Los Andes peruanos, brindaron a Xavier y Tamara sus asombros milenarios durante la luna de miel. Inicio de uno de los sueños conjuntos, viajar por el mundo. Entre las funciones de Xavier en el Estudio Baquero&Asociados constaban constantes desplazamientos internacionales, en muchos de ellos Tamara lo acompañaba. Imborrables los días cuando al regresar de Zurich se desviaron hacia Cracovia, tierra de ancestros, descrita por el abuelo Armand y la tía Rasia quienes a la vez relataban nostálgicos y doloridos el recuerdo de sus padres pues ellos llegaron muy pequeños al Ecuador. Fascinada con la extraordinaria ciudad, imaginaba a los antepasados recorriendo esas mismas calles, aún con el toque de actualidad guardan embriaguez pretérita. En un restaurante de Rynek Glowny, Plaza del Mercado, del siglo XII, probó zurek, sopa que Rasia solía preparar, esta vez hecha en la propia tierra. Le supo a delicia, más sabrosa. No quiso imaginar siquiera si se lo hubiera dicho a la tía. Las pierogi ruskie, tantas veces nombradas en su casa, aparecían listas a ser compradas en cada dulcería. Encantada, decidió llevarles a todos pedacitos de pasado y les compró maravillas en la Lonja de los Paños. Lamentó una vez más no haber conocido a Pawel y Aleska, los bisabuelos polacos llegados a Quito sin destino cierto, establecieron la familia y se fueron despacito a la muerte sin volver a ver su Cracovia adorada. En cada paso, mirada, respiro y suspiro sus ancestros la colman de embrujo.

XVIII.

Xavier Ricaurte y Tamara Medina recibieron a Adrián la noche del once de noviembre de 2014, tres años después llegó Juliana. Los dos muchachos habituales de un día pasaron a ser los cuatro de la familia feliz. Y así se construyeron. Los matrimonios jóvenes continúan creciendo de modo individual y de pareja en textura conjunta. Tránsito colmado de responsabilidades sin estar del todo o nada listos, contingencias respondidas de distintas maneras por cada uno, incluso contradictorias. En ocasiones aquí se van revelando formas inconciliables posibles de sucumbir en aguaceros o vendavales. A Tamara y Xavier los amparaba amor tejido con lianas.

Tamara priorizó la crianza de los niños. A edad de ingresar al centro infantil, con Xavier decidieron inscribir a Adrián en Jilgueritos, lugar donde ella solicitó y obtuvo el puesto de educadora parvularia. Llevaba a Juliana muy pequeña, permanecía con ellos, anhelo de toda madre con hijos tiernos.

Gustaba mucho del trabajo en la organización de derechos humanos, su compromiso militante, pero entre todas las actividades la falta de tiempo fue un agobio, por tanto su colaboración se circunscribió a la elaboración de documentos. El querido Gus le insistía en no distraer las cualidades y el potencial para el dibujo, la inducía a la incursión en el diseño asegurándole satisfacción y realización personales, único sentido del éxito según él.

Y así lo hizo. Las restricciones de la tenebrosa pandemia de Covid generaron amplia oferta de estudios por teleconferencia. Tamara se inscribió en un curso de diseño del cual salió satisfecha. Al finalizarlo, estuvo segura de haber dado con la vena profesional, por lo cual se dispuso a permanecer en ese campo. En internet apareció el anuncio de un programa presencial para el diseño de joyas.

En los rezagos del Covid el sentido de lo social volvió de modo paulatino a instalarse en el mundo entero. Si bien la comunicación humana a través del uso de plataformas llegó para quedarse, la vida presencial reclamó y retomó su espacio, desde ahora, eso sí, compartido con la virtualidad.

El programa, bastante costoso por cierto, se hallaba asociado a una prestigiosa marca internacional, a más de diseño ofrecía formación especializada en joyería y orfebrería. Estaba cautivada con el aprendizaje y la proyección de este oficio, le despertaron capacidades propias desconocidas. Le agradeció al Gus por el permanente estímulo.

Particularidad de la planificación curricular en la fase concerniente a la joyería y la orfebrería consistía en la concurrencia de destacados joyeros y orfebres extranjeros para impartirles talleres, incluidos maestros de la marca auspiciante y promotora. Máxima distinción. Gran incentivo.

XIX.

Quince alumnos deseosos de perfeccionar habilidades profesionales formaban la clase de Tamara. Sin ser homogéneo, a lo interior el grupo mantenía coincidencias que crearon nexos de amistad más allá del tiempo de formación. Fuera de clases en las reuniones organizadas, Tamara se sentía a gusto, evitaban temas espinosos de desempate y la cordialidad fluía.

Con Adrián y Juliana ya en la escuela Tamara se repartía entre la cooperación con la organización de DDHH, la orfebrería y el trabajo en el centro infantil. Pronto se vio ante la disyuntiva, orfebrería o educación parvularia. Sin dudas eligió la primera. De modo definitivo, los derechos humanos quedaron fuera.

Una breve ceremonia esperaba a los maestros extranjeros en el instituto, esa mañana la emoción despertó temprano a Tamara. Llegó primera. Por razón no explicada hubo demoras en el inicio, la emoción se transformó en ansiedad y disgusto. Después de comentarlo, los alumnos se dispersaron por los corredores, Tamara molesta se arrimó a una baranda, daba a un parquecito interno del edificio, ubicada frente a la puerta lateral de acceso al salón del evento. Se dispuso a continuar con la lectura de *Mañana en la batalla piensa en mí*, de Xavier Marías. De pronto un rumor la sacó del libro, alzó la mirada y vio pasar a los maestros atrasados seguidos por los compañeros. Cerró el libro y lo mantuvo en las manos. Se incorporó, cruzó el corto trecho hacia la puerta de vidrio por donde todos pasaban hacia adentro. Entre ellos va una mujer muy distinguida, la mira, se fija en el libro, sonriendo le dice —Excelente obra de mi compatriota Xavier Marías. La leí hace algún tiempo. Tamara asiente devolviendo la sonrisa e ingresa al salón. El acto comienza de inmediato.

2.

I.

Tamara y Xavier

Noche despejada, Tamara conduce hacia su casa, en el trayecto sigue procesando lo escuchado en estos tres días de seminario, *Género y Derechos Humanos*. Ópticas con las que el mundo aparece diferente. Estaciona. La puerta del parqueadero conectada con la cocina está cerrada por dentro. –Ya puso llave, piensa–. Es tarde. No pudo avisarle sobre la tardanza, el foro se extendió, el celular se quedó sin batería y se entretuvo en el cóctel de cierre. No se preocupó, Xavier le reiteró que hoy volvía temprano. Va hacia la entrada principal, ingresa, avanza por el pasillo luego de colgar el abrigo y dejar la cartera y una carpeta con documentos sobre la mesita de ébano inmediata al vestíbulo. Se sobresalta, Xavier baja con expresión grave y el iPad encendido en las manos. La mira con fiereza, se acerca mostrándole la pantalla del dispositivo con fotos, videos, mensajes. No distingue nada a primer momento.

–¿Quién eres? ¿Qué eres, Tamara Medina? De veras en este momento no lo sé. ¿Qué es esto?

Asustada se confunde. Turbada detiene el paso. No reacciona. Enseguida reconoce archivos personales. El rostro se le pasma y la razón también. Respira profundo, una sensación de relajamiento le recorre el cuerpo dando paso a palpitaciones. Intermitencia. Quiere recomponerse. No lo consigue.

–No lo niego, Xavier–, dice vacilante.

–Al menos eso. De cualquier manera habría sido igual. Te desconozco. ¿Desde cuándo estás en esto? ¿Con quién putas me casé? Insisto, ¿quién demonios eres?

–Soy quién quieras. No hay respuesta para calmarte. Tu griterío no tiene sentido. No son convenientes conversaciones cargadas de ira…
Intenta saltar el escollo.

–No importa la ira, importa la basura metida entre nosotros. Tú estás cargada de basura. Me asquea ver esto, leer esto. Jamás lo habría sospechado. ¡Nunca! Estás trastornada.

Tamara con voz rasgada: –Las cosas suceden. No hay trastorno es descubrimiento, Xavier. Asumo el error de no haber sido honesta a tiempo. Creo…, tú y yo compartimos una historia y terminó, acabó.

–Ah, ya. ¿Cuándo fue eso? Es decir, las familias terminan cuando a uno se le ocurre descubrirse y finalizarlas, los demás no importan, ¿es así? –exclama Xavier dejando el iPad en las gradas, agarrándose la cabeza

–No. No lo simplifiques. Te lo iba a contar… Estoy en otra relación, es donde quiero estar. ¿Y puedes bajar la voz? Los niños duermen. Me duele que se dé tan feo. No quiero mentirme ni mentirte más, tampoco forzarme a seguir contigo. Mi afecto por ti no es suficiente para quedarme.

– ¿Te duele? ¿Qué mierda hablas? Esa es otra de tus novedades. Eres pretenciosa. Tu incoherencia me insulta. No me indigno por ti sino por mis hijos. De modo obvio no es tu caso. Me gustaría saber qué vas a decirles. Ah, y entérate, tu cojudo afecto, me resbala.

La rabia contenida de Xavier busca escapar y estallar por donde sea.

Tamara se dirige a la cocina, Xavier se para en la puerta y la intercepta, Tamara aplomada: –Lo tuyo es vergüenza y no lo admites. Absurda por demás. Es mi opción. Decisión digna. Personal.

Frente a frente, se miran fijamente. Xavier la increpa.

–Si tuvieras mínima noción de dignidad sentirías al menos un poco de vergüenza. Videos, fotos, mensajes íntimos archivados con total desfachatez. ¡Increíble la morbosidad del tal descubrimiento! ¿Qué clase de descubrimiento es capaz de hacerte quebrar una familia? ¡Tu familia! ¡Aberrante opción personal por la que das de baja a tus hijos! ¡Por favor! No me vengas con discursos pendejos de liberadas castradas.

– ¿Y tu atrevimiento al meterte a husmear en mi privacidad? ¿Dónde se te cayeron los pregones lanzados por todos los vientos de respeto a las diferencias?

Tamara ya empoderada. Retrocede por el pasillo.

–Nooo, pues. Una cosa es que cada quien se acueste y se largue con quien le dé la gana. Otra, que una mujer casada, c a s a d a, y madre, m a d r e de dos hijos de repente se dedica a la mariconería porque ha descubierto no sé qué mierda en no sé dónde.

– ¡Bueno, ya! Acabemos con esto. No tiene sentido ofendernos. Es desgastante. ¡Me iré de aquí, Xavier! ¡Me llevaré a mis hijos!

Xavier lanza una carcajada.

– ¿Me llevaré a quiénes…? ¿Qué dijiste? Ah, por ahí vienen tus tiros. ¿Estás borracha? Tienes práctica en eso, ¿no? El Adrián y la Juliana jamás, óyeme bien, j a m á s, van a vivir entre marimachos.

–No seas vulgar. No pongas etiquetas lesivas a quienes no conoces. Muriel es una mujer igual a cualquier otra con la diferencia de haber dejado atrás moldes anquilosados.

–No sabes cuánto me irritan estos inusitados discursillos de feminismo de retrete. Ya está. Te largas.

– ¿Cómo…???

– ¡Te vas! Ya no tienes derecho en esta casa. Dejó de ser tuya. Ándate atrás de esa mujer o lo que diablos sea. Ni ella lo sabe y tú menos, creo…

– ¡No te permito! Ahora no voy a ninguna parte. Me iré, sí, cuando yo lo decida. Y deja de agredir a Muriel desde tu estúpida soberanía machista auto subrogada.

Eres un ventrílocuo manejado por los mediocres con los quienes pasas de arriba abajo.

—No me digas, *¿soberanía machista auto subrogada?* Sarta de estupideces, propias de toda desviada justificando sus aberraciones.

— ¡Dije basta, Xavier…!

—Ah, y no sabía, la señora es una reencarnación híbrida entre la Madre Teresa de Calcuta y Juana de Arco, ojalá y la quemen, entonces. Y *no te permito*, ¿cuál *no te permito*? Oye, oye ¿desde cuándo trabajar para mantenerte es pasar de arriba abajo? Te juro, te voy a hacer pedazos, ya vas a ver. ¡Y ya…! Te fuiste. ¿Oíste? Te fuiste. Sal de mi casa.

Ante el estupor de Tamara, la toma con fuerza del brazo y la hala hasta afuera. La resistencia es inútil, no puede

evitar ser expulsada hacia el jardín, llegan forcejeando a la caseta del guardia a quien Xavier le pide abrir el portón y empuja a Tamara a la calle.

— ¡No te atrevas a intentar entrar!

Debido al impulso Tamara cae en la acera. El guardia con los ojos desorbitados y sin entender nada, la auxilia y regresa presuroso a la caseta a pedir el taxi que ella le solicita. La humillación la hace temblar. En el vehículo el conductor extrañado la mira por el espejo, Tamara lo nota, se abochorna. Baja el vidrio de la ventana, aspira el aire, busca llenarse de sosiego.

Atraviesan calles, semáforos interminables, esquinas vacías, luces. Grotesco y paradójico. Hoy terminó el seminario *Género y Derechos Humanos,* repasa tantas cosas ahí expresadas, espejo de lo ocurrido. Xavier se encasilla en una masculinidad tradicional. Conocida por ella desde temprano en su padre, en su familia. Hombres limitados por convenciones obsoletas y vigentes. Incapacitados para asimilar las limitaciones del sexismo, la homofobia, el machismo que los agobia quizás sin saberlo.

II.

Aturdida sube al departamento de Muriel quien la recibe sorprendida. Le pide pagar el taxi pues no sacó nada de su casa, vino con lo puesto. Muriel llama al conserje y le da el dinero. De inmediato oye lo sucedido. Tamara azorada justifica haberse dejado maltratar y echar de su propia casa, la impresión no le permitió reaccionar. Además, si guardó la medida a toda costa fue para evitar a sus hijos escenas extremas.

Había regresado algo más tarde de lo habitual. Tranquila, esa tarde Xavier regresaría temprano. Entró a la casa, se sacó el abrigo y dejó la cartera y una carpeta con documentos en la mesita de ébano inmediata al vestíbulo. Dio unos pasos cuando lo vio bajar indignado con el iPad en las manos mostrándole fotos, videos, mensajes personales. Y vino el descalabro.

Desfoga. Repite los detalles para convencerse de que fue real. Se siente denigrada, vaciada de su intimidad en un acto de autoridad falsaria. Muriel la abraza, procura serenarla. Es la agresión de un hombre con el ego de macho humillado. ¡Imagínate! Los pilares de su virilidad escarnecidos.

–Ni siquiera le importó que sus hijos pudieran verlo enloquecido. No le importó nada. Está desquiciado. ¿Qué hago, Muriel?

–Calmarte. La situación no es simple, repasemos las condiciones primero y los posibles efectos.

–Mañana voy a ir. No consiento el desalojo de mi casa. El arrebato de este hombre no va a despojarme de mi propia vida.

–Te forzará a consentirlo, chiqui. Por eso es necesario averiguar sus intenciones. Más allá de la excitación Xavier tiene planes en ciernes, estoy segura. Debes poner mucha atención.

–Sí. Tienes razón. Me da la pauta, se viene con todo contra mí.

Muriel prepara un té de toronjil con miel y se lo pone en las manos. Tamara la besa y lo toma a sorbos lentos. Se miran escudriñando respuestas en los ojos de cada una.

-Voy a bañarme. Muriel la mira irse con una mezcla de preocupación y dulzura.

–Te espero, amor–, responde.

Como todos, unos más y otros menos, Tamara guardaba rezagos de dolor para lo cual recurre a un permanente procesamiento del yo interno convencida del beneficio del manejo de los estados emocionales en la relación con el mundo. Es lo que intenta en estos momentos sin lograrlo. Vive un estado de conmoción.

III.

Tamara

No lo hubiera querido así, lo digo de veras. Lo demoré. No hablé a tiempo, tenía temor de lastimarlo. ¿Habrá sentido mi desapego? ¿Tan evidente sería? Por miedo o quien sabe porqué di lugar a esta especie de habladuría callejera. Ninguno de los dos merecía sacarlo a la luz de forma tan ordinaria. Claro, con pruebas irrefutables, es comprensible su cólera.

Mi privacidad ha sido violada. Me fastidia pensar en boca de quienes nomás estarán mis cosas tan personales. Debe haber tenido pistas, ¿si no para qué hizo hackear mis archivos? Creí mis contraseñas muy seguras. Mmm… ¡Ya! el muchachillo genio ese de la oficina que encuentra hasta la tumba de Cleopatra, lo hizo. Por ahí fue.

IV.

Despierta con emociones contrapuestas Inexplicables sensaciones. Pensamiento ofuscado. Panorama caótico. Muriel es un recodo donde coloca las trizas de su ánimo.

Calcula la hora, espera la salida de Xavier, se dirige a su casa. No tiene llaves. El guardia le informa sobre las órdenes del doctor Ricaurte, no puede dejarla pasar. Incómodo ante el hecho se disculpa con torpeza. Tamara se muerde la furia. Le pide por favor llamar a Aurorita, la empleada. Llega corriendo.

—Señora Tamita, señora Tamita, ¡por Dios! El doctor está bravísimo. Me dijo que usted no puede entrar, ni llamar por teléfono. Que usted ya no vive en esta casa.

—Después te explico Aurorita. Dime, ¿mis hijos se fueron al colegio?

—Sí, y el doctor les dijo que usted se fue y no va a volver. Ellos estaban tan tristes, ¡viera! Ahí les prometió de noche traerles pizza y coca cola, ahí medio, medio se contentaron.

—Ya. Gracias, gracias Aurorita. Tráeme mi cartera y mi teléfono, quedaron en la mesita negra, por favor. Ah, y el cargador, está en mi velador.

Aurora va y vuelve presurosa.

—Señora Tamita, no estaba ahí su cartera. Estaba arriba, en su cuarto. ¡Uy! si viera como le ha revuelto todo. No asoma el teléfono, señora Tamita. Ni las llaves. Nada. Aquí está la cartera medio vacía.

Tamara constata, tampoco están sus tarjetas de crédito.

—Aurora, si pregunta dile lo cierto, me diste la cartera porque yo te insistí. Así no tendrás problemas. Estarás atenta. Yo te llamaré.

—Y ¿de verdad ya nunca va a volver, señora Tamita?

—Ya veremos, Aurora. Por ahora no sé nada. Ya veremos.

Está agotada. La intensidad ha incidido sobre su condición física. Necesita reflexionar. Trazar ideas para los próximos pasos, como le aconseja Muriel. Todo es una afrenta. Te desconozco Xavier.

Muriel la aguarda lista para salir a realizar sus muchos pendientes. Ineludibles por demás. Le pide reposo, ha llamado a su médico y vendrá en breve, Tamara la promete atención a las indicaciones que disponga.

A la mañana subsiguiente va al colegio de Adrián y Juliana. Solicita hablar con el rector, espera pues no tiene cita. Tras largos minutos la hacen pasar. Sonríe al hombre calvo y bien vestido quien no le devuelve la sonrisa ni por cortesía. Alberto Zurita apenas estira la mano y le señala el asiento. Se conocen desde mucho antes, el hijo fue compañero de Xavier en la universidad, sin embargo la actitud del sujeto es más que fría, displicente. Tamara finge no notarlo y le pide, por favor, llamar a sus hijos a quienes por inconvenientes matrimoniales no ve desde hace días.

Zurita, de modo áspero responde estar al tanto de los inconvenientes matrimoniales por boca del doctor Ricaurte. Y le recuerda la disposición reglamentaria, no interrumpir las clases, los alumnos no reciben visitas de ningún tipo salvo situaciones especiales. El menosprecio sin mayor intención de disimulo lo complace. —Y en este día menos aún, señora, los niños están en un recorrido por el Centro Histórico.

Deja el sillón y va hacia la puerta haciendo un ademán de despido. Sale. Afuera las secretarias cuchichean, obvio, es sobre ella.

V.

La apertura del instituto de diseño y orfebrería tuvo alta repercusión en los círculos afines del país. Si bien el trastorno mundial causado por la pandemia de Covid retrasó la inauguración, hoy es un hecho. Se consiguió el propósito definido por los socios de la cadena internacional, ingresarán en Sudamérica con tiendas e institutos. La tienda principal se ubica en Madrid, donde la socia mayoritaria, Muriel Álvarez de Toledo, reside. Cuentan con sucursales en París, Milán, Berlín y New York. A más de tiendas e institutos en México y Panamá.

Alto prestigio alcanzado por calidad y excelencia, la firma está bien catalogada y cuenta con gran reconocimiento. La tienda de Quito es pequeña, exclusiva, los costos de sus obras de arte, como Muriel llama y considera a sus joyas, son elevados. El local no representa grandes ganancias tampoco produce pérdidas. Nació en esta gema andina de casualidad, cuando su padre fue Embajador de España en Ecuador. Abrir el instituto en Quito es tributo al afecto que le tiene.

Desde hace más de un siglo su familia se dedica a la producción vinícola. Como hija y heredera única las expectativas sobre su vida han sido enormes. Se crio en medio de la élite española, sin rechazarla mantuvo moderada distancia por la asfixia, los excesos y las miradas catadoras que la ocupan. Vivió un par de años en Londres, ciudad que la desvistió para arrancarle las cerraduras clandestinas.

Seré honesta con mi identidad. Esa es mi brújula, vivir entre candilejas y bastidores, es deplorable, -pensó entonces. Se vio emancipada, honrada por esa honestidad consigo misma y con los demás. El interior de una Muriel de maneras suaves y trato amable aprendió a alojar sin culpas la firmeza gestada en resguardo de su derecho a la orientación sexual y la consecuente elección de vida.

Una vez adolescente su madre inició un patético celestinaje. Temía pretendientes aprovechados, potenciales dilapidadores de la riqueza familiar. Forzó encuentros con partidos de gran categoría, según ella, entre la aristocracia y la casta empresarial europeas. Muriel fue indiferente. El desinterés comenzó a ser extraño y las conjeturas embutieron las lenguas de los corrillos en Madrid. Decidió cortarlas del modo más directo, tomó la llave, abrió la puerta del sótano y con semblante y espíritu serenos habló con sus cercanos.

–Soy lesbiana. No es una condición reversible, tampoco cambia en nada mi ubicación en este mundo, menos aún mi relación con ustedes. Los amo tal como soy y así quiero seguir recibiendo su respeto y su amor.

Hubo decepciones y disgustos, Muriel no permitió, al menos en su presencia, sean convertidos en melodramas. Nunca presentó a sus parejas, aprendió a eludir y burlar a la prensa rosa sin lograr impedir algunas filtraciones impertinentes.

Tanta racionalidad obedecía al amparo para impedir que la desgarren, la cercenen y continuar auténtica y sin espantos. Así cada quien fue asumiendo esa realidad y ajustándose a ella en mayor o menor medida hasta establecer casi naturalidad al respecto.

Decidió no comprometerse de manera inmediata con la administración de los viñedos. Hasta un *después*, lejano o cercano. Estudió diseño en Italia y en New York, y se dedicó a la producción y ventas de joyas en oro y plata.

VI.

Estaba consciente de lo elitista de la carrera, pero la pasión la superaba. Así, logró adscribir el instituto a una acreditada e influyente universidad española con el fin de formar diseñadores orfebres de alta gama. En Quito, y desde el principio, reconoció en Tamara Medina Kowalski madera, esfuerzo y minuciosidad en las labores. Tres alumnos destacaban con dibujos de calidad concretados en joyas. Tamara se sentía orgullosa de ser una de ellos, maravillada con haber encontrado un oficio gratificante de modo pleno. Orfebre, joyera, diseñadora. El encanto llegó al punto de dejar de lado los derechos humanos que tanto le interesaban, y de tomar la decisión renunciar al centro infantil, lo haría en los próximos días.

Parte de las actividades curriculares consistía en la visita de profesores y alumnos a fábricas y puntos de venta. Viajaron por el país e incluso asistieron a exposiciones y ferias internacionales. Primera promoción, se configuró como un conjunto bastante compacto más allá de lo concerniente a la carrera. Las reuniones fuera de las aulas se hicieron frecuentes. Buena correspondencia en gustos y aficiones. Tamara se incorporó sin dificultades. Quién sabe si cuchicheos e intrigas se resbalaron más allá de los amistosos encuentros, en todo caso la afinidad y la relación se mantuvieron

VII.

Tamara y Muriel

La conexión se produjo el instante cuando se sonrieron. Celestino sin intención fue el escritor Xavier Marías, artífice indirecto de la calidez en aquel primer cruce de miradas. Un sinnúmero de pequeñas coincidencias y pareceres animaban conversaciones cada vez más extensas. Les gustaba expresar opiniones y aún contradicciones. Estas vivencias se volvieron significativas para las dos y la atracción afectiva e intelectual apareció furtiva entre mejillas sonrojadas y párpados esquivos.

Y así, como pichón extraviado buscando el nido asomó el amor. Tamara no imaginó la esencia de esa ternura en el existir cotidiano. Riachuelo tímido entre piedras y musgo, elevado en torrente, le reventó en el pecho y le encabritó la sangre. Quebró el cristal de su encierro, atravesó los añicos y la cubrió de luz. Torbellino en confuso porvenir.

Y esto le sucede a ella, Tamara Medina, mujer realizada como esposa y madre en concordancia con la moral y las buenas costumbres. Complacida. En retrospectiva no se ve disfuncional. Fue feliz integrada a la telaraña en la que hoy se desconoce. Marco postizo dentro del cual habitan los hombres y las mujeres como estáticos seres binarios. Explora incomprensiones y marginaciones, aprende a objetarlas luego de comprenderlas.

¿Bueno, malo?

No existen en su memoria sesgo o inclinación hacia el amor lésbico. Ni siquiera escondidos. Esta plenitud es sensibilidad acabada de nacer. Mutuo delirio de cada siempre empapado con agüita santa del amor. Así extendió las manos y avanzó, con titubeos y vacilaciones, sin retrocesos. No hay retorno, no volverá a vivir esos límites. Sanar y recomponerse, mantener y habitar su elección.

Creo en Freud, y no por mezquina conveniencia, cuando afirma la bisexualidad humana, atracción sicológica subconsciente hacia los dos sexos, heterosexualidad y homosexualidad. La conciencia común es la censuradora moral, por lo general desfasada en el tiempo. Valoraciones de bruma, piensa Tamara mirando a Muriel hacer la maleta, parte al día siguiente a Madrid. Al terminar se sientan juntas con una copa de vino tinto cada una.

-El amor no es solo salvación, es el modo de vivir hacia los demás y al mismo tiempo resguardo en medio del vértigo del mundo. Por eso valemos el desafío de nuestras vidas. Hay muchas maneras de ser hombre, de ser mujer, lástima, la gente las invisibiliza y conserva la imagen formada (¿deformada?), inculcada. Imagen por única, excluyente. Rechazos generadores de desigualdad, peor aún, de injusticia. Censores avalando la masculinidad opresora.

–Comenta Muriel

–Me recuerdas una canción de Silvio:

Busca amor con anillos
Y papeles firmados
Y cuando dejes de amar
Ten presentes los niños
No dejes tu esposo

Ni una buena casa

Y si no se resisten

– ¿Cómo sigue…? Espera, espera…

Una buena muchacha de casa decente no puede salir

Que diría la gente el domingo en la misa

Si saben de ti

Que dirían los amigos

Los viejos vecinos

Que vienen aquí,

Tararea Tamara.

—Chiqui, amarte es aceptar la tristeza agazapada en nuestros brazos y pide ser amada. Somos una línea y somos líneas en paralelo. ¿Enigma? Nos poseemos y amamos y vamos mirándonos iguales. Nuestros pasados nos trajeron hasta aquí y ahora son presentes expandidos en el aire para respirarlos. Nadie como tú, Tamara. Me gustaría oírte decir, nadie como yo para ti. Arribamos con diferentes valijas a la estación del tren. Y aquí estamos, listas a partir.

—Somos felices como nadie. Bueno no sé y tampoco me preocupa cómo serán los otros. Somos compañeras, es para mí lo más hermoso. Somos dichosas con cosas simples y con cosas glamorosas, nos compartimos la una a la otra compenetradas. Hemos aprendido de nuestras historias personales. Lo que ves en mí nadie lo había visto antes. Un hechizo poderoso te tiene a mi lado, aunque no estés. Te amo Muriel.

–Tú, tan distinguida y mundana, ¿por qué me escogiste a mí?

–No te escogí, chiqui. Iluminaste el segundo cuando te vi con el libro de Xavier Marías en las manos, luz predestinada. Nuestros seres íntimos se vieron uno al otro, y se aproximaron, nos cautivamos. Y brotó la fascinación como flor única en algún páramo de Los Andes. Soy feliz contigo, te siento feliz conmigo.

–Vivo partida en dos. Soy feliz contigo en medio de mi dolor. Es posible. ¿Recuerdas a Carl Jung? Afirma, mientras no seas consciente de tu inconsciente este te llevará por la vida y lo creerás tu destino…

–Por eso nos acercamos. Nos estábamos buscando como ciegas, y nuestros inconscientes nos reconocieron. Jung tiene razón –responde Muriel sonriendo.

–Felicidad alumbrada con dolor. Te amo en el sufrimiento por mis hijos. No puedo negarlo. Te amo cuando pienso en otras cosas. Y creo que me estás amando cuando yo te amo.

– ¿Sabes? Me duele lo de los niños, será complicado, Tamara. No quiero desesperanzarte, veo muy reacio a Xavier. Quisiera quitarte el agobio como quitarte un velo.

Tamara se sobrecoge.

–Quizás pago precio por esta felicidad. Fui torpe. Vivir en la sabana ignorando mi sed me hizo confiada e irreflexiva. Los ensueños pueden durar mucho.

–No te culpes. Solo ten cuidado. El reloj se retrasa. No fabricamos el tiempo.

VIII.

Muriel

Acepto el amor. Cofre de misterios. Arcano seductor de mi indiferencia, incitador de mi curiosidad de alquimista tras sus pasos. Intriga. Ella trajo el corazón partido sobre el fondo de madrigueras sembrado con tréboles de cuatro hojas. Sube en todas las mareas a llenarme de ella y baja en todas las mareas llena de mí. El desborde cubre todas las distancias. Primera vez, no me sucedió antes. Tamara, no eres opción, eres el rumbo. No hubo corazón capaz de disfrazarse de destino, el destino eres tú. Nunca quise por entero a nadie, te aguardaba. Tu canto de luna fundió mi hielo. Me afligen tus tormentos, saldrás de ellos. Lo harás. Acá en España los temas de amor lésbico están menos encerrados en capillas tabú. En todo caso, seremos muralla ante las turbulencias. Ansío a los míos mirándote íntegra, frágil, valerosa. Oírte reír con mi madre. Te enseñará a cocinar la mejor paella del mundo, según ella. Oírte discutir con mi padre. Le encanta envolver a la gente con preguntas capciosas para después aclararlas y reír juntos de buena gana. Te ilustrará sobre todas las cepas de sus viñedos, te las hará probar de una en una. Quiero ir contigo a los sitios más bonitos en esta tierra de arco iris. A veces temo que te quiebres, que tus huellas olviden mi piel y sublimes en mí culpas oscuras como Tania. Que vengas solo por alivio. Bueno, en realidad no me importa, si es así, así te espero. Un sueño me lo contó, la felicidad solo es posible contigo.

Tamara Medina Kowalski eres para mí lo impostergable.

IX.

Tamara

Uno evalúa y se pregunta si hizo o no lo conveniente, y quién sabe la respuesta sea agridulce. No percibí el tinglado. Fui simple. Ni astuta ni hábil, fingí para no lastimar. No supuse lobos triturando víctimas. Desatino mío. La incomprensión hacia la disidencia es la oportunidad para desfogar la miseria asfixiante. Ahí está la Margarita Cabezas, hecha la condescendiente consiguió ser ridícula. Farsante al notificarme la suspensión de trabajo en la guardería. No es por mí, es por los padres de los niños, se han quejado al conocer la situación, estoy con tu causa Tamy, pero no puedo hacer nada en estas circunstancias. Tonta, igual me iba a ir. Padecimiento social. Intromisión, dictámenes y sentencias. Jueces sin tribunal convierten mi vida en sainete de humor negro. Es difícil construir relaciones desacordes, demanda moverse en aguas turbulentas en medio del repudio de la llamada normalidad, ficción que les sirve de encofrado. Casi, casi piden matar a la desviada que hay en mí. Y soy solo una mujer conociendo opciones. No me percibo masculina aunque no invalido esa alternativa en otras. Los hombres no son para mí adversarios en guerra sin cuartel. El adversario es la distorsión del mundo avalada a diario por quienes nos oscurecen desde todas las cimas del poder. Inconmensurable capacidad del sistema patriarcal para inventarse funcionalidades de humillante subordinación en los roles femeninos. Sistema sostenido en pilares mercantiles de donde derivan sus valores, y combate irrupciones que no puede comercializar, al menos por ahora, como el amor lésbico. El patriarcado se tomó todos los poderes humanos. Tal vez por eso me siento como un saco de arena buscando horizonte en la batalla al constatar la saña marginadora. Perversidad al lanzar al vacío al desalineado bajo dictámenes morales proclamados en medio de las supuestas democracia y justicia que dicen construir. En mi caso el amor me condujo directo a la fractura no al revés. Rompió los silencios, me indujo hacia mis abismos. No sublimo este sentimiento para justificarme. No. Reconocer el infierno de la exclusión me hace otra.

Mi amor por Muriel es intenso, dulce, profundo. La vida por propia que sea no la hacemos solos, somos entre todos hacedores de nuestras vidas, en ese espacio soy un ser renacido. La libertad que hoy conozco la iluminó su amor. Soy libre por eso la amo. Espero que lo acepte. No estoy dispuesta a cautiverios.

X.

Xavier y Pedro

Acongojado, arrimado al marco de la puerta del despacho Xavier le pide a Pedro quedarse a la salida, quiere hablarle. Asiente sin reparos. Una vez solos, Pedro pregunta: – ¿Es jodida la cosa? Mientras saca una botella de Johnnie Walker, faja negra. Sobre la mesa de reuniones sirve dos vasos, le pasa uno a Xavier, e intrigado continúa.

– ¿Qué pasa hermano? ¡Tienes una cara!

–Puta, Pedro. La Tamara me jugó Barcelona. Estoy hecho mierda. No creí que estas huevadas dolieran tanto.

– ¿Cómo así…? No te creo. Si la man es súper buena onda contigo.

–Chucha, así es. No te voy a mentir. No seas pendejo.

Xavier termina su vaso mientras Pedro apenas ha dado un sorbo al suyo.

–No te imaginas como es... O sea… ¡Me quiero morir! Por ella y por la vergüenza. O por la vergüenza y por ella. ¡Qué chuchas, ya ni sé…! Los niños. ¡Qué hijuemadre!

– ¿Quién es el hijueputa? Me provoca meterle una buena pateada.

–Ah, ahí está el detalle, bro. No es el hijueputa es la hijueputa.

Pedro queda demudado. Vacía el vaso de golpe. ¿Qué? O sea, ¿qué? ¿Estás seguro? ¿Súper seguro?

–Hermano ella misma lo admitió. Siendo madre, ¿te imaginas? Le encaré con toda la información, el Sebas me la consiguió. Tenía desconfianza de algo, no sé, intuía algo… y como este man es tan repilas quise probar. Y listo, ahí salió todo. Una serie de porquerías. Estoy perdido. Puta, y mis hijos hermano, ¿qué les digo a mis hijos? ¿Te imaginas? Quiere llevárselos.

–Ah, eso sí no se puede mi bro. La señora Medina lo va a saber, no puede. Aquí estamos. Tus hijos se quedan contigo.

Xavier murmura: Gracias, Pit.

XI.

Yolanda y Tamara

Se fija en uno de los correos electrónicos. Lo abre. Su comunicación' está restringida por falta de celular. Intenta actualizar la información en uno nuevo. El mail es de Yolanda. La alerta sobre particularidades en el juicio de divorcio que Xavier interpondrá. Pide que la llame para tratar el tema.

–Hola Yoli. Disculpa. He tenido unos días terribles. El Xavier me botó de la casa. No te imaginas. Está trastornado. No me deja ver a mis hijos.

Habla atropellada.

–Sí, Tamy. De eso te quería hablar. Por unos colegas supe, planteará el juicio de divorcio incluyendo tenencia, custodia y patria potestad de los niños. Por otro lado, interpondrá solicitud de custodia exclusiva.

– ¿Qué es custodia exclusiva?

–En definitiva, el Adrián y la Juliana pasan a estar bajo su cuidado de manera absoluta. Puede conseguir incluso que ni siquiera los veas.

— ¿Está loco??? ¿Y qué puedo hacer, Yoli? ¡Dime por Dios!

—Darle pelea, creo yo Tamy. Estos abusos machistas son abono para muchas causas de violencia hacia la mujer.

—Debí suponerlo. No se lo podemos permitir…

—Parece inminente, al menos lo del divorcio. He pensado oportuno adelantarnos y plantear la intermediación para tratar el asunto de los niños.

— ¿Qué conseguiremos con eso?

—Verás, solicitar esta audiencia nos da alguna posibilidad de pedir la tenencia compartida, es decir, conseguir que los niños vivan con uno de los dos y el otro tenga régimen de visitas. ¿Te parece?

—Hazlo Yoli. Si la audiencia aporta, hazlo por favor. Quiero quedarme con mis hijos.

—De acuerdo. Lo sé Tamy. Dime, ¿tienes testigos de cuando te echó de la casa?

—Solo el guardia.

—Mmm… Él no colaborará con nosotros. No tendremos fácil la defensa sin un testigo. Nuestra verdad se debilitará sin el elemento testimonial. Debemos formular bien la estrategia. Planea acusarte de abandono de hogar y de inmoralidad.

— ¡Desgraciado este…! Eso es una mentira cerdosa. Una canallada.

—Así me dijeron. No tengo certeza pero nada me extraña, esta gente juega con trampas. Y como son poderosos. Bueno veamos lo de la intermediación por ahora. Yo te aviso. ¿Este es tu nuevo número? Lo guardo.

–Sí, gracias. Espero entonces.

XII.

Tamara y Belinda

Tamara se arroja a los brazos de Belinda. Le cuenta, ha tratado de hablar con Adrián y Juliana por todas las vías y ha sido imposible. Lo único logrado es comprometer a la Aurorita quien le ha sacado dos maletas con ropa y artículos personales.

–Tranquila, Tamy, ya pasará. La turbulencia se apaciguará.

–Es complicado, Belita. Es estar desde ya en el bando perdedor de una guerrilla irracional. Nadie hace esfuerzo por comprender. No me victimizo, ñañi. Estoy en una encrucijada.

–Es tu decisión Tamy. Acéptalo, es un tsunami. Imagínate, mi papá… Lo ha tumbado. Está hecho polvo. ¿Y cómo fue? O sea yo nunca noté nada.

– ¡Chuta no he matado a nadie! Ñaña, no hay nada indescifrable ni misterioso. Tuve una buena vida, no voy a negarlo. En principio y visto así no hay queja. Sucedió, la Muriel me abrió el entendimiento. Desde distintas distancias pude comprobarme tan supeditada, dándole al Xavi el timón de mi vida. No lo culpo. Es parte de un engranaje brutal. Con ella nos conocimos en el curso de orfebrería, hay mucho en común. Y fue creciendo un afecto de buenas amigas.

–Lo mismo decías cuando conociste al Xavier, ñañi.

—Sí, los dos me deslumbraron, cada uno a su tiempo. Con la Muriel no hubo de principio intención de nada, solo fluyó una conexión profunda. El amor tiene muchas formas, y así, ñañi, en las grandes y pequeñas coincidencias nació este. Muriel no es una depredadora, no buscó mi amistad para introducirse en mi intimidad. No.

—No sé, Tamy. Ella tenía ya definida su condición. ¿Para qué se acercó a ti, entonces?

—Puchicas Belita, como cualquier amigo o amiga con quien compartes gustos, pareceres. Los homosexuales no son sabuesos rastreando sexo. Acaso vos y tus colegas en el hospital tienen escrito en la frente: *Ey, quiero acostarme contigo*. ¡No! La gente está convencida del homosexual como depredador salvaje y del heterosexual como ángel de la guarda. En la comparación se niegan a ver la descomposición existente en la heterosexualidad. ¡Inaudito!

—Bueno, es fuerte para el entorno, los guaguas, tu trabajo. El otro día el Mateo me preguntó por qué a ti te gustan las mamás y no los papás. Se ve como esas cosas que no crees pasarán en tu familia.

— ¿Sabes, Beli? Es un derecho, si aparece como provocación es por la necesidad de reclamarlo. Ve, en el fondo el placer sexual empezó a tratarse en público, y no del todo, después de desechar la ridícula idea del sexo solo como procreador. Es así, Belita. Y si ya superas la humillante idea de la mujer como reproductora, como incubadora, te preguntas por qué el placer debe circunscribirse a la relación binaria.

—Bueno, Tamy, me disculpas, yo ni en sueños me pregunto eso. Ni lo proceso, siquiera. Ahora, tampoco el puro placer, gustito instantáneo, así sin más. Además, en tu caso lo importante son las consecuencias de esa determinación Tamy…

—No puedo solucionar el tema del Adrián y la Juliana. Estoy sin trabajo. Estoy jodida, la plena.

—Y esta tal… ¿Cómo es…? ¿Muriel…?

—No le digas así, Beli. Es mi pareja.

—Como sea, ¿no dizque es muy solvente?

—Necesito resolver mis finanzas, ningún juez va a otorgarme la custodia de mis hijos en estas circunstancias. El Pit y su gente están listos para demolerme, Beli. Demostrar mi precariedad les es más fácil que tomarse una cerveza. Un zorro el Pedro Baquero.

—Tamy, no solo es quien los va a tener, yo me pregunto cómo van a crecer tus guaguas entre dos mundos tan diferentes. Y eso ha de pensar el Xavi.

—O sea fácil no es, Beli. Y no tomé en cuenta varias cosas. Por eso estoy desesperada. Te pido un favor. Lleva a mi mami a tu casa para poder verla. ¡Por favor!

Acaban el almuerzo. Caminan juntas un rato. Se despiden tristes.

XIII.

Tamara y Lucía

Tamara no ha podido ver a su madre, Ramón herido de muerte le ha prohibido la entrada a la casa. Por pedido suyo, Belinda facilita el encuentro en su casa. El día acordado Lucía la espera, al llegar, Tamara la mira emocionada. Va hacia ella como un colibrí que avizora el agua.

—Mamá, mamita te quiero tanto…

—Tamy, mi amor. Ustedes son la vida desde mi vientre y eso no se acaba nunca. Perdóname hija. No sé qué hice para dañarte tanto…

—No se trata de ningún daño. Es complicado, y no lo es. Así suceden estas cosas cuando se rompen ataduras, mamita.

—Nadie te ató mi niña. Los hemos criado libres dentro de esta familia. Tu papá y yo les hemos dado todo, no les ha faltado nada.

—No son ustedes, mami. Es el mundo entero.

—No puedes pelearte con el mundo entero, Tamy. Bueno, bueno. No comprendo, no quiero comprender. En últimas, no me importa. Sin comprender nada, estoy contigo. Además, el Adrián y la Juliana pueden vivir aquí. Diles eso a los abogados.

Somos sus abuelos. El Xavier está loco de rabia y seguro los va a separar de nosotros...

–Gracias mamita. Es complicado, es el padre y tiene derechos sobre ellos.

Pasan buen rato juntas. Conversan. Lloran. Ríen.

XIV.

Pedro y Xavier

—Vamos bien, bro. Tranqui. Están aterradas. No tienen modo de rebatirnos. Primero acusación de abandono de hogar, jodida. Luego con información auténtica, sin alteraciones, acusación de adulterio e inmoralidad, rejodida. Condiciones de vida inconvenientes para los niños, falta de recursos económicos, recontra jodida. Tres veces jodida. ¡Toma!

—Ve, Pit. No sé cómo agradecerte, la verdad, por el resto de mi vida, hermano…

—Ya no repitas cien veces lo mismo, Xavo. Parece que estuvieras en misa. Somos amigos desde hace fuuu. Ni con mis hermanos me llevo como contigo. Nada. Ya. Aquí estoy así como vos has estado para mí tantas veces. Te cuento. No sé cuál amiga ya le ha chismeado a la Pris, y está desconcertada. Opina que el Adrián y la Juliana deberían quedarse mejor con los papás de la Tamara.

— ¡Ni soñarlo! ¡Imagínate! Sería como tenerle la puerta abierta para cuando ella quiera.

—Eso le dije. Es ponérselos en bandeja de plata. Y no, no hay chance. Le han dicho que el ingeniero Medina está emputadísimo. No quiere saber nada de la Tamara. Nada.

—Algo supe. Es terrorífico. ¿Sabes…? Mi mamá ha visto en Instagram, o no sé dónde videos de una pareja. El tipo se viste de mujer, habla como mujer, tiene implantes de senos. ¿Ya? Y está casado con una tipa que se viste de hombre, habla como hombre, toma hormonas para parecer más hombre. Tienen un hijo. El que se viste de mujer lo cuida como madre aunque en realidad es el padre porque embarazó a la que se viste de hombre pero es la madre. ¡Puta, o sea… demencial!

—Qué desmadre. ¿Dónde se le cayeron los sesos a la Tamara?

—Ve, la plena. No he tenido lío con esta gente, con los gays digo, aunque este video si es novedad para mí. He sido más bien fresco. Claro tratándose de mi mujer, bueno exmujer, fue otra cosa. Ahora, allá ella. Si eso quiere, le place, ok. No me importa. Chuta, con mis hijos… Ahí sí la cosa cambia. Te juro, no concibo ese mundo para ellos, verlos crecer en medio de aberraciones. Lo de su madre creo lo irán entendiendo de a poco, ¿no? Y por suerte, la Tamara es quien se fue. Porque cuando la saqué de la casa estaba ya de salida, ida más claro. Era cuestión de días. Ve hermano dejó a sus hijos por irse tras una tipa que le calentó la oreja, la cama, o yo qué sé. El Adrián y la Juliana le importaron un pepino. En definitiva es así. La Tamara sabía, yo jamás accedería a compartir a mis hijos con esa sordidez. Ella me conoce. Entonces si tanto le duele la separación con los hijos debió meditarlo y actuar con cordura, si se puede hablar de cordura en ese guirigay. Ahora, ¡a hacerse cargo de sus devaneos!

—Eso mismo. Son nuestros argumentos. Todo tiene límite. El otro día supe por Internet la existencia de niños trans, ¿oyes? ¡Trans! Y apoyados por los padres. ¡Puta!

— ¡Niños trans! ¿Trans qué…? ¡Carajo, qué mierda vivimos!

—Vos tranquilo, la tenemos ganada, Xavo. No estaría demás conseguir los videos de ese par de extraviados que ha visto tu mamá, así reafirmamos en el juicio la índole del ambiente de la Tamara, a donde quiere meter a los guaguas. Puedes bajártelos. ¿Te imaginas la cara del juez? Jajaja

— ¡Al ruedo matador!

XV.

Xavier

No estoy equivocado. La he amado desde mí, tal como soy, sin caretas. Vivimos tantas cosas desde cuando notamos burbujas en el pecho al acercarnos, saltitos de la sangre en las venas corriendo al patio de atrás del colegio para encontrarnos. Todo lo aprendimos de a dos, sin recelos, y hasta cuando peleábamos nos sentábamos a hablar y a entender los desacuerdos que después nos hacían reír.

A la muerte de la melliza en su descenso a los infiernos, fui yo quien extendió el cuerpo para recuperarla. Fui yo quien se hizo cargo de su desesperanza cuando se dormía para morir y volvía a despertar viva. Yo empapé mi corazón con sus lágrimas. Ella tan vulnerable y yo tan escudero. Le besé las heridas y le cuidé las cicatrices. Con mis manos al vuelo le espanté los fantasmas del abandono. Y habría hecho más y se me fue. Jugó a perderme, asumo el duelo sin mentirme. Fui junto a ti lo mejor que pude. Y te amé Tamara Medina como yo sabía amar, quizás no permití a la vida enseñarme a amarte como querías. Tal vez los resquicios de los días escondieron nudos que no pudimos desatar a tiempo. Soy un ausente de tu piel solo mía. Fallezco. ¿Te amé? Te amo. En el fondo no te culpo. Tampoco me culpo. Es la vida. No sospeché siquiera que la adultez implicase asumir sin tristeza ni amargura los anhelos deshechos como polvo de olvido. Quise envejecer contigo, Tamy. Ya no será.

¿Cómo la abrazará esa mujer cuando se acurruque al dormir? ¿Podrá adivinarle estados de ánimo con solo distinguir el tono de azul en la mirada? ¿Reirá como yo después del amor al verla hundir la cabeza en la almohada? Y tú, ¿besarás su cuerpo mojado jugando a la lluvia bajo la ducha? ¿Oirás sus pasos al llegar y te apresurarás sonriente a la puerta? ¿Quién sabe qué otra distinta serás? Soltaste anclas, izaste velas para navegar lejos. Nunca sabré si tu adiós fue autenticidad o capricho. ¿Qué te deslumbró? Te conozco. Te impresionas con facilidad, no sigues líneas lógicas. Andas siempre buscando una cruz de castigo por la muerte de tu hermana. Dentro de todo, te sentía contenta en la familia que creamos. Pero quien es feliz no huye.

Te juro mi Tamy, este es el último lamento desbordado en mi ser por ti. Amarro el dolor y lo ahogo en el más profundo de los pozos profundos. Tengo braza encendida sobre las llagas sangrantes pero no existen fuegos eternos. Nuestros tiempos felices agonizan. Nuestras huellas ya son viento. Voy a vestirte de desmemoria. Borrarnos incluso de los más triviales momentos.

Quitarte los niños es mi satisfacción, mi complacencia en el desquite. Sí, disfruto tu padecimiento, te veo enloquecida y una alegría miserable me invade. Revancha y recompensa. Mastico la derrota en medio del desengaño. Soy tu extravío. Pongo el cadáver de mi amor en un ataúd. Hay formas de morir. Hemos muerto el uno para el otro. Lo siento por los dos. Tamara, esta tarde el amor se ha ido.

XVI

Ana, madre de Xavier, está ya felizmente jubilada. Su espíritu activo la mantiene ocupada en infinidad de cosas, incluso en hacer videos de recetas de cocina, únicas según dice, para redes sociales. Mauricio, su segundo hijo, técnico en informática, la acolita en estos menesteres. Por el momento vive con ella después de un divorcio y dos hijos, cada fin de semana los reciben gustosos. Xavier la visita con relativa frecuencia, hoy le pedirá apoyo para el cuidado de Adrián y Juliana, lo tranquilizaría tener a Ana una temporada en su casa hasta estabilizar la situación. Mientras almuerzan abordan el tema. Ana lo esperaba ansiosa.

—A mí esa Tamara me pareció rara desde el principio. Desde la primera vez. Aquí, aquí tengo su cara de hipócrita. —dice Ana señalándose la sien.

—Mamá, no inventes. Se te ocurre eso ahora después de todo lo sucedido. Andabas encantada largo tiempo con ella. Te fastidiaste porque no era como tú querías.

—Falso de falsedad total. No es así, al comienzo no quise decirte nada porque no quería meterme, ya sabes, en esas cosas soy muy prudente. Y como andabas tan encandilado. Todo el tiempo lo supe. Además no me hubieras creído.

— ¿Supiste qué, mamá? A ver, dime qué supiste.

—Sus cosas oscuras. Y ya ves, no me equivoqué.

— ¡Ay mamá!

– ¡Y encima la defiendes! Eres el colmo. Ahora al menos estás pensado como ser medio racional. Esas desviaciones ofenden al Señor, y esta gente le rendirá cuentas a Dios. Acuérdate de mí.

–Si existe Dios y le parece mal, rechazará al hecho no va a castigar a la persona. Tú misma alegas todo el tiempo el perdón de Dios, entonces la perdonará.

–Ah, no pues. La perdonará cuando se arrepienta, si se arrepiente. Y de verdad hay cosas que no sé si Diosito perdona–. Ana mirando el techo y santiguándose.

– ¿Y si no se arrepiente?

Ana suspira. –Solo Dios sabe. Y ya deja de hablar a favor de esa loca. Lo importante es que sepas y te quede claro, esta es tu casa y la de mis nietos, aquí pueden vivir si esta mujer te hace problemas. ¡Y por Cristo! No los dejes con ella. Los criará igual de retorcidos. ¡Por favor! No se los dejes.

–Eso nunca. En realidad me gustaría tenerte un tiempo en mi casa, mamá…

– ¡Ay, hijito! ¡Encantada! Irían los bebes de Mauricio los fines de semana, eso sí.

Suena la puerta, es Mauricio. Se ha pegado una escapadita de la oficina para almorzar con ellos.

–O sea, gran pendejada, Xavo. Aquí estamos, somos tu familia. Ya sabes, bro.

—Son mi remanso, Mau. Gracias.

XVII.

Ramón convidó a sus hijos Antonio y Belinda a tomar café en su casa. Caída la tarde los recibió junto a Lucía. Belinda llegó acompañada de Emilio, su marido, quien no había sido invitado, lo cual provocó una mueca de disgusto en Ramón, por fortuna desapercibida. Saludos, abrazos. Café con karpatka, el delicioso pastel preparado hoy por la tía Raisa de modo especial.

Ramón con cara de aguacero: —Gracias por venir, hijos.

Van hacia el comedor. Se sientan. Emilio y Raisa están juntos, ninguno de los dos emitirá sílaba en este encuentro. Ramón, continúa.

—Sírvanse. Yo filtré el café. Está delicioso. Y la karpatka le salió riquísima a la Raisa. Bueno, hijos míos, quiero comentar la situación de la Tamara. Nos involucra, nos avergüenza a todos. Es mi hija, la quiero sobremanera como a ustedes, me esfuerzo por interpretar su comportamiento, y concluyo, hay cosas a las que no se les puede dar paso. Ella se extravió o al Xavier le faltó hombría…

—Papá, papá, ¿qué tal si antes de emitir criterios probamos respetar las decisiones personales? ¿Qué tal si nos esforzamos y aceptamos la forma de vivir de otros y desde ahí partimos para cualquier apreciación? Nos estamos metiendo en cosas de la Tamy de su absoluta incumbencia. —interrumpe Antonio, algo mordaz aunque sereno.

—A ver hijito, empecemos por respetar el uso de la palabra. Está hablando tu papá. —dice Lucía.

—No sé por qué nos reunimos para *tratar* este asunto. No hay nada que tratar sino darle apoyo, y eso si ella nos lo pide. Y es así, nos necesita.

— ¿Cómo solo de su incumbencia? Mis nietos son de mi incumbencia, son mi sangre, llevan mi apellido, ¿oíste? ¡Mi apellido! Si a ti eso no te importa, pues a mí sí.

— ¡Por Dios, papá, deja de ser anacrónico y desfasado!

—A ver, a ver. Yo respeto a todo el mundo y ustedes lo han constatado la vida entera. Eso es una cosa, otra es que se me obligue a consentir la indecencia en mi propia casa. ¿Tú, tan dado de avanzada, respetarías a un violador, por ejemplo, o a gente fuera de la convivencia normal, sin la menor ética?

— ¡Papá! No sé si tienes conciencia de lo que hablas. No tienes derecho a comparaciones tan absurdas.

—Tengo conciencia y derecho. Me he esforzado por ser un ejemplo tal como fueron mis padres. Gente con enorme sentido de la decencia nos inculcó la cultura del honor. Me siento orgulloso de eso, ¿de qué se podrán sentir orgullosos el Adrián y la Juliana, mañana? ¿De qué, a ver, de qué?

—Esto no tiene relación con apellidos, ni sangres, ni honores ni pendejadas obsoletas. Vive el sentido de tu cultura del honor, papá, no hostigues para imponerlo, somos adultos. La Tamara ha tomado una decisión y punto. Por qué ponerle una cola interminable a eso y armar un enredo del san flautas. El riesgo lo soluciona ella con nuestro apoyo si nos lo pide. Si nos lo pide.

—Hablo de ese riesgo en relación con mis nietos, ellos vendrán a esta casa. Y no vuelvas a intentar mancillar la integridad de tus abuelos…

—Papá, no hablamos el mismo idioma. La Tamara decide separarse, entonces, a ella le correspondería poder llevarse a sus hijos o compartir la custodia. Debe actuar con astucia. Esperar. El Xavier emperrado, ella enfrascada, todo para el carajo. De cualquier manera, es asunto de ellos, papá, de ellos.

— ¿Cómo se te ocurre? La Tamara llevará al Adrián y a la Juliana a la perdición. ¡Estás loco!

Antonio baja la cabeza y sonríe. Su padre es un bloque de cemento. Impenetrable en su terquedad. No le cabe una gota de sensatez. Cruza los brazos y atiende a Belinda que se dispone a hablar.

—Papá, ¡cálmate ya!

— ¿No lo oyes a este…? —corta Ramón a Belinda con aire de desconcierto.

– ¡Ya, ya! Pensemos cómo darle una mano. Tampoco me gusta la decisión, opción la llama ella. Nos consta, la Tamy tuvo un buen matrimonio, ahora, vaya usted a saber cómo sería por dentro. Lo grave, a mi juicio, es no haber medido la situación de los niños. Papá, si vine fue para arrimar el hombro… - Belinda molesta.

Lucía irrumpe en llanto. Ramón la mira, severo le pide dejar de hacerlo. –¿No hay otra cosa que sepas o puedas hacer? Voltea la cara y dirigiéndose a todos afirma:

–No iré al juicio a defender la custodia para la Tamara. Quiero a mis nietos en mi casa. El Xavier los verá aquí.

– ¿De dónde sacas eso? Nadie ha planteado esa posibilidad, papá. Cuando digo arrimar el hombro, me refiero a hacerlo dentro de sus consideraciones, a aclararle las confusiones no a proponer fantasías. –Belinda intentando hacer razonar a Ramón.

– ¿Cómo fantasías? El Xavier no tiene ni idea ni tiempo para cuidar a mis nietos. Nosotros sí…

– ¡Esto es irracional e inadmisible…! –exclama Antonio agobiado.

–Estoy dando una solución, mis nietos tienen las puertas abiertas aquí. Tu hermana sí no me pisa esta casa. Eso es definitivo.

– ¿Para eso fue esta reunión, para informarnos tu sentencia y pretendernos tus adeptos? –Antonio, más furioso aún.

–Yo no pido nada. Esperaba una posición de familia. Vos te volviste un insensato, Antonio. No te avergüenza estar a favor de relaciones indignas. A mí sí me da vergüenza. No sé ni cómo mirar a la gente de mi oficina, ni a nadie.

– ¡Ya papá! Esto no es una bronca entre nosotros. –grita Belinda

–Dile eso a tu hermano. Defensor de bajezas. No aprendió nada del honor que sembré en esta familia.

Antonio se para y sale sin despedirse dando un portazo.

– ¡Basta Ramón! –Lucía entre sollozos.

–Vos no digas nada, ve. Eres una alcahueta de tus hijos. Lista a socapar porquerías. Se ha perdido la decencia. Una vez leí un poema, puntual y exacto:

Dichoso aquel
que en otro tiempo
encontraba:
la casa limpia,
la ropa planchada,
la mesa puesta,
los niños durmiendo,

– ¡Ya papá! Repites miles veces el tal poema. Ya cámbialo, apréndete otro ¿no? Contigo no se puede.

Belinda se levanta seguida de su marido quien espantado no ha dicho una sola palabra.

–A ver, ¿dónde está lo malo? Las impudicias modernas no van conmigo aunque me enfrente a mi propia sangre, así son estas cosas. Y sí, me mantengo firme, evado las trampas, me opongo a los extravíos. Siento vergüenza. Mucha vergüenza. No sé si es tarde para retomar la senda de la compostura, característica de esta familia y de mis ancestros. Si el mundo cambia para mal solo la unión familiar evitará su derrumbe hacia el barranco. Nadie va a poner en duda a esta altura mis sacrificios para cuidarlos y protegerlos como me corresponde, no reniego…

–Me voy. Chao mamita. Hasta luego.

Belinda se despide camino a la puerta que su marido ya ha abierto.

Una impotencia rotunda aflora en Antonio al discutir con su padre, incapaz de pensar más allá de sus esquemas Ramón llega a ser desesperante. Antonio prefiere claudicar en salvaguarda del afecto. Su relación fue distante, llena de tensiones. Sin manifestarlo, Ramón mantuvo para sí cierta decepción respecto de Antonio quien si bien desarrolló un carácter fuerte no reprodujo los arrestos esperados de su único hijo varón.

XVIII.

Antonio y Tamara

Se abre el ascensor, Antonio es recibido por los brazos extendidos de Tamara. Vive en el espléndido penthouse de Muriel. Gusto exquisito. El tamaño de las ventanas produce el efecto de enormes cuadros de la ciudad. Vista impresionante. Antonio recorre el lugar. Comenta sobre la calidez y el encanto. Ella ha dispuesto bocaditos, quesos, vino sobre un chabudai, mesita baja de estilo japonés, apartada del salón central, rodeada de cojines.

—Te veo más tranquila.

Antonio, sirviendo las copas y llevándose un queso a la boca.

—Lo intento. Necesito de ti, ñaño.

—Mi Tamy. Aquí estoy. Te metiste en un laberinto. Estás tratando con un hombre herido en su fibra más íntima. Con gente perteneciente y moviéndose en altos círculos de poder.

—Ni siquiera tratando. No puedo hablar, ni a mi abogada le hacen caso.

—Son personas aferradas a certezas, les sirven para sostenerse en la vida. Bueno, lo hacemos todos, en realidad. Por el momento esas certezas son obtusas. Has sido valiente, Tamy, no lo dudo, a la par, imprudente. No pensaste con detenimiento, mi bonita. Para conservar a los niños escogiste la autopista equivocada, y sin ningún atajo. A veces los impulsos nos conducen directo al error.

—No reaccioné por proteger a mis hijos. Estoy como una auténtica torpe sin saber para dónde ir.

—Admitirlo es importante para no repetirlo pero no ayuda a nada más por ahora. Sabes cuánto conozco, cuánto quiero al Xavier, por eso lo percibo. Tiene dos dagas en su pecho. Primera, haberlo avergonzado en público y ante sí mismo, en relación directa con su hombría. En general para la mayoría la masculinidad es incuestionable, y al decidirte por la Muriel has puesto la suya en la cuerda floja. La masculinidad es un trono. Creencia tradicional, es decir, arraigada, naturalizada. Les es impensable salir de esa zona de confort desde donde ejercen autoridades. La segunda daga, la fractura de su familia por una calentura. ¡Y con una mujer! ¡Inconcebible!

Lo has devaluado. Precisa sostener su imagen dentro del modelo familiar señalándote como la disfuncional. Es la víctima y tú el verdugo. Supongo, pronto buscará parejas para reafirmarse.

—Es un hombre sensible. No sé, Toñi, si tú le hablas…

—Tamy, ¡por Dios! Por ahora no entiende nada. No puede. Tampoco quiere. Es, literal, una fiera herida. Y lo peor es ponerse a hurgar la herida sangrante pretendiendo racionalidad. Como auténtico macho te va a doblegar. Chuta y encima con la habilidad del Pedro Baquero, enseguida encontró la figura de abandono.

–¡Yo no abandoné, Antonio! Me botó, me empujó, hasta pensé que me pegaría. Para no hacer escándalo me fui. No tuve alternativa. Y lo ha maquinado todo. Al otro día, imagínate, al otro día, así de inmediato me prohibió la entrada. Y es increíble como todos le hacen caso.

–Tamy, este es mundo de machos. No soy derrotista solo trato de ver la realidad. En el escenario tramado tienes poco chance. Ninguno diría yo. Y sobre eso debemos actuar. Un enfrentamiento es derrota segura.

–La Yolanda jura y requete jura que no es imposible. Debemos pelearla, dice. Buscar testigos.

–Ñaña, la Yolanda habla desde el papel de denunciante de abuso y complicidad machistas. Posición coherente y necesaria, sí, sin discusión. Pero este caso no se presta para eso. Requerimos sagacidad. No tienen sentido explicaciones rebatibles frente al manejo ladino de la moralidad para el cual ellos tienen enorme habilidad. Manejo utilitario de las ventajas ante un aparato judicial prejuiciado. Tal como en la mediación. La Yolanda quiere partir desde la causa anti machista, entiende el contexto. Hay que actuar de forma estratégica, esperar el paso del vendaval. Hay riesgo, sí, pero lo de la Yolanda es directamente un suicidio.

Buscan enredarte, propiciar el menor paso en falso y hacerte resbalar. No les importa tu razón peor la de las causas disidentes, es más esas constituyen su arsenal. La Yolanda cree poder generar corriente de opinión favorable sin tomar en cuenta el poder decisivo del Xavier y el respaldo que tiene. Son enfoques diferentes. El de ella no es el conveniente. Provocar escándalo en este contexto, nos sería fatal, Tamy. ¿Me explico? ¿Está claro? Piensa en cómo se dio la mediación, esto será lo mismo pero híper amplificado.

–Horrible. El Pedro Baquero parecía el defensor de la moral pública. Moralina pública. Como dueño de la victoria.

–Y en caso de enfrentamiento, ahora hará lo mismo pero con mayor contundencia. Ñaña, yo de ti dejaría pasar un tiempo.

– ¿No hago nada, Toñi…? No puede ser. No puede ser. –Se lamenta Tamara desesperada. ¿Hablarías con él? Hazlo, Toñi, háblale sobre la custodia compartida…

–Por ti lo hago, Tamy. Veamos los tiempos adecuados en cada paso. Veamos la evolución junto al trámite de divorcio. Siendo de mutuo acuerdo y sin presión tal vez se tranquilice y acceda a una conversación razonable.

–En el trámite de divorcio hay que definir la tenencia de los niños…

–Mmm... Chuta. Sabes cuánto te quiero, mi amor, siendo muy sincero, insisto, por ahora no veo salida positiva. Seguro han preparado toda una descarga contra tu idoneidad de mujer y de madre. El Pedro y sus juristas engominados estarán en su papayal.

–El Xavier era tan distinto. Defendía las diferencias, las disidencias…, –reitera Tamara sin seguir el hilo de la racionalidad de Antonio.

–Tamy, Tamy, eso ya no importa. Lo que decía y defendía es pasado. Te repito. Está atrincherado en sus certezas, en sus verdades masculinas, prejuicios encarnizados. Gira alrededor de lastimarte, tiene la convicción sobre cómo criar a sus hijos y lleva ventajas, Tamy, todas.

–No me digas eso…

–Tamy, corazón, mírame. Son abogados de renombre, construyen prestigio a cada minuto, es parte del negocio. Para preservar la presencia social procuran una línea de conducta pública, impecable. Significa ensuciar tu imagen para limpiar la del Xavier. Probar suficiencia en el cuidado de los niños, y devaluar y negar la tuya. El Xavo está descompuesto. Esperemos le vuelva un poco de cordura.

–Me asusta. Además, les mete tontería y media en la cabeza al Adri y a la Juli. La Aurorita me llamó el otro día.

– ¿Para…? ¿Qué te dijo?

–El Xavier les dice que me fui porque ya no los quiero y no quiero volver a la casa. Que se vayan olvidando de mí. Ah, la Ana va a ir a vivir un tiempo en la casa. ¡Esa mujer me detesta! La Aurora ha oído una conversación con otros abogados, y de lo que ella entiende de modo fácil pondrían testigos falsos para desacreditarme usando las peores bajezas si no renuncio a la custodia compartida. ¡Imagínate! El

Xavier se había negado con apoyo del Pit, no quieren llegar a esos niveles. ¿Ves, Tamy? Es tiempo de retirada, de no de tensar más la cuerda. Después veremos. Si no tenemos ni medio control sobre algo es mejor postergar.

XIX.

La voz de Yolanda suena determinante en el teléfono, describe los elementos del caso como típico asentamiento machista a partir de la degradación femenina. Es prioritario evidenciar el carácter transversal a todo el tejido social de una masculinidad estereotipada y decadente como la de Xavier. Tamara le dice coincidir, y al mismo tiempo estar atada. Se resiste a la exposición y el escarnio públicos de sus hijos, del padre de sus hijos y de sí misma. Necesita tregua. Yolanda le plantea en tono severo la inconveniencia de dejar pasar tiempo.

Le pide contactar personas amigas resueltas a dar testimonio sobre la integridad de su persona. Al no haber testigo del maltrato de Xavier, punto argumental fundamental, es importante destacar la vocación maternal y familiar, independiente de las elecciones sentimentales.

Tamara no está segura de nada. En todo caso hará algunas llamadas, le dará los nombres. Le avisará en cuanto esté lista.

Confirmo la condición irreversible de los hechos. Acepto la propuesta del Toñi. No me es fácil habituarme a la ausencia de mis hijos a pesar del sentimiento de profunda unión con Muriel. A ratos extraño hasta el aire que rodeaba mi vida con ellos. En otros me traslado a esta ruta de colores y sonidos fascinantes. O estoy en el medio como un péndulo detenido. Ni siquiera es una disyuntiva. Es no saber cómo actuar de la mejor manera en lo inesperado. Dudar es desgarrador. No sé si hago lo más adecuado. Si habría sido mejor de otro modo. Si no hubiera conocido a Muriel. Si mejor seguiría tan cómoda y despreocupada donde estaba.

XX.

Tamara, la China y el Ricky

Intensa emoción en la reunión con la China y el Ricky. Acogedora vivienda de estos amigos de vida. Solidaridad espontánea, definitiva. Tamara respira paz. Conversación distendida. Estarán presentes en el juicio, sin restricción alguna, con su testimonio. Escuchan el relato doliente de una madre a punto de quedar huérfana, o como se diga, de sus hijos. Repudiable atropello homofóbico, expone la China y con suavidad insiste en lo inoficioso de frenarse hasta conseguir que la entiendan, a que el mundo la entienda. No sucederá. Marginar las disidencias sexuales sirve a hombres y mujeres en la afirmación de su machismo. La moral alrededor del sexo es muy cínica, condena en público toda disrupción pero, fíjate, oculta y permite aberraciones como la pederastia en oscuras esferas intocables de poder. La producción y el consumo de basura pornográfica se alientan con la complicidad general de los guardianes de la ética. Mira nomás, la explotación comercial de la sexualidad es obscena pero recibe aplausos, ocultos y visibles, por los chorros de dinero que produce. Incluso la elevan a categoría estética. El miedo a lo desconocido no es el generador de rechazo. Falso. Son las resistencias a lo situado por fuera, a la posibilidad de lo marginal para afectar sus formas inapelables y exclusivas, sustanciales a los poderes patriarcal y económico de los cuales derivan los demás poderes. Una posición firme para el salvataje sigue siendo clave. Mírate desde ti, Tamy, olvida el ruido que hace el mundo, -termina la China.

Además, toma en cuenta, el universo judicial es machista, -interviene el Ricky. ¿Quiénes se atreven a abanderizarse por causas incomprendidas dentro de ese reino petrificado? Nadie, Tamy. Se llenan la boca hablando de avances, tan lerdos, más bien son jugadas de gatopardismo. Y la incidencia en negativo sobre la conciencia de todos es inconmensurable. Incluso las leyes pueden ser progresistas, sus interpretaciones muy relativas. Sexismo y homofobia. En todo caso, estamos contigo para todo, amiga querida. Por ti y por una causa tan discriminada.

XXI.

Tamara, la Maravilla y la Carito

Aprieta el celular con rabia. La Maravilla, dada de liberada, adolescente fatal le ha lanzado de modo brutal:

—Me disculpas Tamara. Supuse que me llamarías y para qué lo harías, de plano te digo, no. Yo camino recto y tu comportamiento es indecente. No puedo defender a quienes desde el vulgar espectáculo orgiástico pretenden obligar a los demás a aceptar su noción sexual. ¿Por qué debemos admitir a una sarta de degenerados a nombre de la inclusión? En la vida normal no se impone la inmoralidad de cuatro gatos a la moral de la mayoría. Y no me hago la mojigata, no, guardo principios inculcados por mi familia desde chiquita. Me repugna toda esa bazofia. Una madre es primero madre, después cualquier cosa. Lo siento, no pierdas el tiempo conmigo. Ah, la Carito dice que con ella tampoco cuentes para tapar sinvergüencerías—. Tamara corta la llamada. Se lamenta por provocarse este mal rato. Podría haberle dicho lo mismo, ¿por qué todos debemos aceptar tu retrógrada gazmoñería? Por último, ¡qué más da!

XXII.

El Gus

A través del zoom, entre consolas, guitarras, pianos, computadoras, Tamara ve a su amigo querido sonriéndole. Sereno, aspecto cuidado, hasta se diría acicalado. Renovado. Continúa delgado y tierno, los azotes no lo cambiaron. Volvió de cada fondo, hasta del último, el que tocó con el alma líquida lista para partir si no hubiera sido por un hilo de vida intruso decidido a retenerlo. Y se aferró hasta recomponer la textura de las horas y los días en las yemas de sus dedos, hasta tejer de sentido su senda vaciada, rehacerla punto a punto sin atajos traidores.

Tiene mucho trabajo, menciona con los ojos contentos, sin idea de la alegría que eso le causa a Tamara. Compone bandas sonoras para películas y documentales. Disfruta imaginar cómo sienten la pasión impresa en ellas los millones de espectadores. Cada composición musical es un regocijo indescriptible.

—Cuando quieras mi sis, estoy para ti cuando lo necesites, en lo que sea. Diré todo lo que mi corazón y mi cabeza conocen de tu maravillosa humanidad.

Se produce un breve silencio, el Gus riendo bajito con la voz quebrándose, le suelta:

—Hasta ahora me cuesta creerlo, ¿nunca sospechaste de mi tonto amor adolescente por ti? Te amé, Tamy, como un hombre ama a la mujer que no ha de ser. Hoy te amo, diferente, eres mi hermana del destino.

Tamara sonríe, lo supo siempre.

—El destino es un malabarista y nosotros las antorchas encendidas para hacer lucir sus malabares. Amigo mío, te quiero con la vida.

XXIII.

Xavier y Antonio

Al caminar otra vez por las calles de esta ciudad Antonio se siente niño redescubriendo maravillado los juguetes nunca enterrados en la desmemoria. Viene muy a menudo y sin embargo cada vez le sucede lo mismo. El perfil de la montaña a la hora del crepúsculo es un espectáculo prodigioso, lo lleva a todas partes en escondites del corazón. Le gusta compararlo con otros para deleitarse en la íntima alegría de nunca haber encontrado alguno siquiera parecido.

Le encanta el color andino, el olor a montaña. Quito es una cajita musical entre volcanes, suena impertinente y tierna para que no la olviden. Regresa para verla, coqueta y vanidosa, por cualquier motivo, y parte renovado respirando su aire dulzón impregnado en su ser hasta la vuelta.

Se ha citado con Xavier en un bar en la esquina de los sinsabores. En el cruce de esas calles, justo en esas calles, le rogó a esa chica de rizos como cascadas, ¡por favor espérame! Le juró venir por ella. No cumplió. En Buenos Aires una mujer con sabor al río platense, le arrebató la promesa.

Escoge una mesa algo apartada. Sitio cálido y cómplice, para enamorados clandestinos, imagina sonriendo. Pregunta por la carta de vinos, le sugieren el de la casa, prefiere una botella de Merlot argentino Navarro Correas, que lo vayan sirviendo según su pedido.

Tres muchachos tocan jazz de muy buena factura. Mientras oye gustoso las notas de Belleville, del maestro Django Reinhardt, una mano toca su espalda. Es Xavier. Se pone de pie. Apretón de manos, el deseo mutuo por el fuerte abrazo está reprimido. Encuentro formal, distante, respetuoso. Los dos se reservan.

Antonio, me da sincero gusto verte, -dice Xavier mirándolo a los ojos sin conseguir esconder cierta brillo nostálgico.

—No nos vimos las últimas veces que estuve por aquí, la vida nos pone trampas, ¿no?

Un mesero se acerca, Xavier pide un whisky con hielo. Antonio lo observa con atención, gestos y ademanes ejecutivos resueltos a mostrar seguridad, tal vez ostensibles para sostenerse sin aflojar sus determinaciones. Vestimenta distinguida. Solvencia. mundana. Es un hombre de Buchanans, tal cual el spot publicitario.

— ¿Cómo está la Camila, cómo van los chicos? —pregunta Xavier y anticipa la respuesta—. Entiendo que muy bien, ¿no?

—Pues sí. Ahí, avanzando, avanzando.

— ¿Y por lo demás, el laburo…?

—Como sabes, la consultora tiene buen nombre, hacemos trabajo serio. Ya son varios años. La economía nunca para. La gente tiene siempre algo que consultar al respecto. Nos afectamos por la pandemia, nos vamos restableciendo,

-responde con amplia sonrisa acompañada por una de Xavier. ¿Y el tuyo?

–Pues bien. Lo mismo digo, la gente tiene siempre algo legal que solucionar.

Xavier, soltándose un poco, aborda un tema seguro:

– ¿Y…? ¿Cómo se siente ser campeón de campeones?

–Ah, pues. ¡Imagínate! Te diré, ya ha bajado un poco el furor, hace un año a nadie le importaba nada sino el campeonato mundial. Argentina es mi segunda patria, y no deja impresionarme el nivel de obnubilación. Literal, los pueblos obnubilados olvidan hasta su miseria. Incluso la pandemia ya es historia por allá.

–Y en todo esto, ¿cómo va tu River?

–Ah, del putas. Ganó el torneo de apertura de la Liga Argentina y tiene buen chance de ganar el de finalización. Ahí vamos, campeón. Y feliz con la liguita, a esa no la traiciono ni en la mayor emoción de River. Ya sabes…

Intercambio de preguntas y respuestas conocidas descargan la tensión de un encuentro raro. Modos útiles de ocultar motivos.

–Bueno, estoy aquí y me encanta. Presiento cuál es el tema, no tuyo sino de la Tamara, –Xavier toma distancia.

–Así es, lo cual no desmerece el gusto de verte. Y me uno a su petición.

–Sobre el Adrián y la Juliana, imposible, Antonio. No voy a aceptarlo. Te lo pido de favor. Compréndelo.

Xavier adelanta el torso hacia Antonio y abre los ojos como para dejar sentada la contundencia de su afirmación.

–Está bien, está bien.

–De entrada dije, no. No hay chance. Y no se trata de joda. Es muy complejo para hacer de esto una joda. Tú lo sabes.

–Pues sí, sí. Tienes derecho a negarte. Aunque puedes reflexionar, digo, tu posición es reacia, cargada de prejuicios, perjudicas a terceros, a tus propios hijos. El prejuicio encadena, no te deja avanzar ni abrirte a realidades más allá de la tuya. Es un encierro, digamos más o menos voluntario.

–Antonio, ¿quién no tiene prejuicios? Te quiero mucho. Lo sabes bien. Te conozco hace tanto tiempo, eres sensato, ecuánime. En este asunto, incluso te comprendo. Sí. Aunque no lo creas. Pero no me pidas lo que quieres pedirme. No voy a ceder. Es sencillo: no quiero aleccionamientos en direcciones predeterminadas para mis hijos. Lo vengo repitiendo. Estoy harto de repetirlo. Cuando crezcan ellos sabrán. En serio. Si mañana se deciden por disidencias, alternativas, o no sé cómo más lo llaman, ok, listo, aceptaré. ¿Por qué debo consentir ahora, a sus edades, inducciones nocivas? Dime lo que quieras. Que estoy estereotipando, pues sí. Que soy cuadrado, pues sí. Eso y más por el bienestar de mis hijos, Antonio.

—Comprendo, aunque tampoco lo creas. ¿Más predeterminado que lo establecido? Son predeterminadas las orientaciones metidas en la cabeza desde que nacemos. Bueno, pero no se trata de nosotros. Es cuestión de preservar la relación de la Tamara con el Adrián y la Juliana, son madre e hijos, no lo olvides.

Antonio toma el último sorbo de su copa. Alza el brazo y pide otra y otro whisky para Xavier.

—Lo establecido ha guiado la existencia humana desde hace cientos de años. Ve, Toñino, a lo concreto, la Tamara no pensó. Si el interés es salvaguardar una afectividad tan fundamental lo lógico es imponerte restricciones y no abalanzarte sobre ellas. Puedo tener amantes, puedo enamorarme, romper mi matrimonio, y con seguridad mis hijos se inquietarían pero no tendrían frente a ellos ambivalencias sexuales trastornando los roles de sus padres y distorsionando su comprensión del mundo.

—A ver Xavier, los tales roles son parte de las culturas humanas, y claro de las relaciones entre las personas.

—Antonio con aire circunspecto como hablándole a un alumno—. El entorno de la sexualidad hoy es cambiante, mi hermano, sus límites se amplían. Ya no se reduce al binarismo enclaustrado hombre-mujer, considerado natural por ser reproductor de la especie. No se trata de hombre y mujer con el fin exclusivo de tener hijos y criarlos, y así ir haciendo la vida. ¿Ya? Hay otros emparejamientos. Y la visión conservadora no soporta a quienes no están inmersos en ella. Lo correcto por demasiado tiempo se vuelve estático en un mundo móvil. Y tampoco tiene sentido guardar a tus hijos en una urna anticontaminante porque no hay contaminación.

—El asunto es que yo sí creo que hay contaminación, Antonio. Hemos vivido durante siglos sin estas pendejadas, ¿por qué ahora mis hijos van a ser tubos de ensayo para ver cómo reaccionan ante una madre que de pronto, así, de súbito, se volvió homosexual? Cada quien críe a sus hijos como le parezca, yo hago lo propio. Claro, soy el bandido de la película. Te consideran buena persona si la vida te da pasaporte para pasar al bando de los buenos sin escarbar más adentro de las apariencias.

Xavier se recuesta en el espaldar de su silla. Señal de encierro. Los brazos cruzados avisan que no hay llave para abrirlos.

—Escúchame, Xavier. No somos los mismos de hace dos, tres o cinco siglos. Hace rato nadie ve a la sexualidad destinada solo a la reproducción. Tú lo sabes. Existen dimensiones afectivas, eróticas, sin tapujos hacia nuevas alternativas. Y sí, un día tus hijos lo asimilarán. Ten en consideración, ellos aman a la Tamy, no les ensucies ese amor, no manches su referente materno, así igualito como hacen muchas mujeres con los padres de sus hijos cuando se separan. No lo hagas traumatizante.

Parece la Yolanda Aguirre, —dice para sí Xavier sonriendo—. Eres buen profesor, Antonio, solo que yo no me inscribí en tu clase. —Le suelta Xavier y ríe—. Ya en serio. Ok. Pero no voy a exponerlos. No. Adoctrinamientos, no.

Antonio pensativo mira el interior de su copa, levanta los ojos hacia una chica de voz estupenda, canta acompañada de un cuarteto jazzero que ha tomado el escenario al terminar la actuación de los músicos anteriores. -¡Qué buenos! -Dice mientras siente la falta de asidero en Xavier. Enroscado en un punto ultra sensible de su trinchera. Sin embargo, Antonio insiste como Sísifo con su piedra.

– ¿Cuál adoctrinamiento?

–Lo que me estás diciendo es cierto con sesgo justificante. No lo niegues, Antonio.

–No todo es blanco y negro. Distingue matices. Ve, Xavo, escucha, optar por lo que no encaja o no existe en lo establecido o lo que sea, no es una anomalía tan solo es otra manera de existir. ¿Por qué nos aferramos a lo instituido y nos cerramos a la diferencia? Porque eso desestabiliza a gente acomodada en la estrecha comprensión del mundo. No hay crimen. ¿Qué no está claro? Es un reto al sistema de mierda, patriarcal y anquilosado. En ese sistema, Xavier, el machismo es todopoderoso por ser masculinidad dominante. ¡Y eso debe ser objetado! ¿Sí o no? A ver, dime. ¿Por qué se establece a la heterosexualidad como la única forma de sexualidad válida mientras las demás son desadaptaciones enfermizas y deben ser repudiadas? ¿No se supone superada la primitiva condición reproductiva del sexo? ¡O sea tener hijos no ha de ser la única función del sexo, no joda! No castigues a mi hermana por el cometimiento de un derecho.

Antonio, habla con convicción. A pesar de opiniones individuales inquebrantables, intensas y enfáticas, la conversación se precipita sin acalorarse en discusión. Esta vez Xavier llama al mesero, pide otro whisky y otro vino para Antonio.

– ¿Desean empanadas de morocho? –Están muy buenas–, comenta el mesero. Aceptan.

–Estás negando una heterosexualidad asentada en valores y principios, no en pura mecanicidad. No solo es hacer hijos y ya. No somos conejos. Valores y principios deben ser revisados, de acuerdo. Muchos se deben cambiar por obsoletos, de acuerdo. Han dado lugar a escabrosos e ignominiosos hechos, cierto. De ahí a dar un salto al se vale todo de la homosexualidad, ¡tampoco! Guardemos y respetemos algunas nociones, ¿no te parece? Ve y por último, allá cada quien. Ya. A mí no me importa. Y te repito, si mis hijos mañana deciden ser homosexuales lo soportaré. Tocará. Por ahora no estoy dispuesto. ¡Y ya no quiero repetirlo!

Antonio sonríe, sus dedos juegan con una servilleta.

–Fíjate, hasta hace poco nomás estaríamos con asadito, vino, bueno vos whisky, guitarra, contentos, así es… Jodida la vida. ¿Te acuerdas cuando cantaba canciones de la Nueva Trova cubana? Chuta, y vos frescazo: ¡Y con ustedes, la Nueva Trova en la voz del Antonio Medina y la guitarra del Pit Baquero! -ríe Antonio a carcajadas.

Xavier contagiado con la risa, responde:

– ¿Cómo voy a olvidarlo? Tiempo maravilloso. A nosotros la Trova nos llegó de retaguardia, de tu generación. ¡No, qué va! De mucho antes. A ustedes ya les llegó de retaguardia. Sí, me encantaba. Me encanta, pues. Ya no cantas en escenarios, ¿no? –pregunta Xavier con un gesto cargado de distancia tristona del tiempo.

–Silvio tiene una canción. Espera, espera, ¿cómo era? Sí. Así… *¿Hasta dónde debemos practicar las verdades?* ¿Hasta dónde practicarás las tuyas, Xavier? –Antonio con intriga algo acusadora.

– ¡Inolvidable Silvio!

Xavier conmovido, canturrea eludiendo la respuesta: *La cobardía es asunto de los hombres no de los amantes…* ¡Bacansísima, Óleo de una mujer con sombrero! Fuuu, tiene miles… Había una increíble: *No sé si fue que malgasté mi fe en amores sin porvenir…* ¿Qué tal? Total cortavenas…

–Ya casi como el Alci Acosta. Con ustedes, Alci Acosta Rodríguez -dice Antonio y le canturrea al mesero *Mozo sírvame en la copa rota…* -pidiendo otra ronda con una seña de su dedo índice. La botella de Navarro Correas se ha terminado, Antonio pide otra.

–Silvio, el Daniel Santos, Rodríguez…

Ríen a carcajadas. Los ojos se cruzan queriendo disimular la humedad producida por la evocación. Brindan.

–La fauleaste a mi hermana, Xavo. Eso del abandono de hogar es una mierda. Obra del Pit, desde luego. Astuto como zorro con hambre.

–Es una batalla, Toñino. Perdóname. La legalidad es el reino lleno de las zancadillas. Todos trampean con tal de ganar un juicio. Las estrategias no son sino artimañas.

– ¡Y mi hermana como cordero al matadero!

El vino y el whisky les sueltan la lengua y saltan de la formalidad. Antonio se alivia con lo dicho a pesar de no calar en el entendimiento ni en la sensibilidad de un Xavier amurallado.

–Sin victimizaciones, Toñino. No te pongas en modo tango. Supongamos, es muy íntegra la relación de la Tamara con la mujer esa. ¿No dizque es así?

– ¡Eso es lo que cuenta para tus hijos! –Antonio eufórico y sonriente.

–Te dije, *supongamos*, Antonio. ¡Puta! He sabido cosas inverosímiles en esos lados. Ve, no se trata solo de romper lo establecido y ¡pum, ya! Sentirse plenazo, a la vanguardia y seguir como si nada. Evalúa cómo putas reemplazas las trizas después de la ruptura. ¿Cómo lo rompes y cómo lo reemplazas?

–Xavo, toda ruptura deja algo, la vida sigue...

–Tu hermanita desamparada, me jodió enterito, Toñi. Capaz y por eso me emperro. ¡Punto! Aunque fíjate, mis hijos sin saber qué mismo es la madre, hombre o mujer. ¡No jodas! Que la Tamara se aguante hasta la mayoría de edad…

–Vos tampoco entiendes verga, Xavo. La Tamy es una mujer, la Muriel es una mujer, dos mujeres en una relación lésbica, amor lésbico. Es su madre, y los ama tanto como vos. Y como vos quiere lo mejor para ellos. ¿Por qué chuchas crees que los va a llevar a un círculo de perdición? Si tú no lo harías, ¿por qué se te ocurre que ella sí? Estas generaciones, tus hijos, los míos, comprenderán. El Adrián y la Juliana comprenderán a su madre, créelo.

–Toñino, me hablas de un entorno desdibujado donde la libertad no asume nada, ninguna consecuencia. Para esta gente ser heterosexual es una deficiencia.

–Xavo, no querer comprender es la deficiencia. Actúas como Dios, omnipotente. Pedirte una tenencia compartida no es nada apocalíptico como lo estás haciendo parecer. Nadie te manda a la hoguera, bro. Apelo a tu fibra más sensible, a tu humanidad. ¡Puta! Seamos críticos, no despiadados.

Xavier lento en su respuesta, afirma queriendo afirmarse:

–Voy a ganar el juicio, Toñino. Voy a ganar el juicio, ¿sabes por qué? En este país la mayoría del sistema judicial se compone de hombres machistas, misóginos, se sienten más hombres ejerciendo poder, ¡y contra una lesbiana! Fuuuu. Por más amor lésbico y pendejadas. Y será bueno que tu hermana no arme relajo, ya bastante ha jodido al Adrián y la Juliana. ¿Sabes…? Tienen vergüenza de la situación delante de la familia, de los amigos. Están confundidos, no entienden bien el tema. Hasta los voy a cambiar de colegio, preservarlos del bulling, el Pit me acolita en el colegio de sus hijos, más aniñado, pero bueno… ¿Algo de esto le importa a la Tamara?

— ¡Chuta, otra vez el Ángel Salvador Gaviota del Pit! Hablas como si ganar el juicio te convertirá en Cid El Campeador. ¿Y vos cómo sabes lo que le importa o no a la Tamy si no has hablado con ella? Bueno, allá vos, Xavo. Piénsalo. Estás violentando el amor entre una madre y sus hijos, y no sabes que pueda suceder mañana con eso Xavo. Oye, me disculpas, me huele a venganza sentimental tu negativa…

–Ella lo suscitó. –Continúa Xavier, desatendiendo la última frase de Antonio–. No yo. Si tanto los ama debe obviarles el escándalo. Y el Pit, puta el Pit es hermano de alma. Ya supe, la abogada esa, loca como cabra, va a llevar unos grupos gays, LGTBI no sé cuantos, cada vez le añaden una letra nueva, va a hacer grabar videos, subirlos a las redes y exhibir las patrañas de un padre machista,ególatra, y todas esas huevadas… Conseguir presión social es lo que dizque quiere la demente de la Yolanda Aguire. Y claro, salir en medios, en redes, como líder de huevadas. En serio, lo supe de fuente fidedigna, Toñino, totalmente fidedigna. Chucha, ¿cómo tu hermana no se da cuenta? Van a devastar a los chicos…

–Xavo, tú los agredes al quitarles a su madre. No te hagas el San Francisco de Asís, aquí. Usas artimañas contra su derecho a tener a su madre que está viva, que no es un monstruo. Que los ama, y tú lo sabes muy bien.

—Bueno así están las cosas. No hay retroceso. —refuta Xavier con expresión bastante extraña, se diría indescifrable.

El mesero deja la bandeja con las empanadas de morocho. Comen. Deliciosas. A Xavier le huelen a muchedumbre, a euforia. Se ve junto al Toñino en el estadio reventándose la garganta por avivar a la Liga, consecuente con esa generosidad tan propia y suya, marca Antonio Medina, él compraba las empanadas, y el Toñino remataba pagando las cervezas. La evocación le trae pena sensiblera.

Hace rato los jazzistas terminaron de tocar. Por los parlantes la música sale a chorros en medio del bullicio, la gente habla y ríe. De repente Frank Sinatra se filtra en el ambiente con su increíble versión de *Killing me softly with her song*. De pronto, Xavier se pone las manos en la cara, llora, largos minutos, llanto profuso y amargo. Prolongado. Pertinaz. Muy lentamente los sollozos se van conteniendo, levanta la cabeza, se recupera de la sofocación, se seca los ojos empapados que de todos modos quedan húmedos. Se pierde en la nada, como en autohipnosis, ermitaño absorto en el vacío, ensimismado entre el alboroto del derredor. Parece emerger de un lapso catártico. Se vuelve hacia Antonio, lo mira por algunos segundos como remoliendo en su cabeza lo que va a decir.

—Escucha Toñino… Escúchame bien. Si la Tamara se tranquiliza y nos deja en paz, si no hace escándalos y acepta los términos de la tenencia, en un tiempo podríamos revisarlos, no sé… Como te digo… por ahora las cosas están así y así se quedan, bro. En un tiempo puede darse esta posibilidad…

Antonio queda perplejo. No lo esperaba. —¿En qué tiempo?

Pregunta sin prudencia. Intenta procesar y al mismo tiempo disimular la sorpresa, sus ojos agrandados lo delatan.

–No sé…no sé. Seis meses, quizás un año.

– ¿Estás seguro…? ¿Es una promesa?

–Una promesa. Te la hago a ti, mi hermano. A ti. Es un compromiso contigo.

Va al baño. Antonio conmovido, respira hondo. Pide y paga la cuenta. Xavier regresa, toma un café en la barra donde permanecen un tiempo casi sin hablar. Se disponen a salir. Ya en la puerta se abrazan. Los ojos de Antonio brillan más por la promesa recibida que por la chispa del vino. Se encamina al departamento, su dulce lugar en Quito. Un Xavier bastante repuesto lo detiene para llevarlo. El recorrido se cubre con denso silencio, Antonio lo quiebra y cruzan frases fanáticas acerca del fútbol. El vehículo para frente al edificio, con las manos firmes en el volante Xavier en tono solemne, –Tenemos un compromiso, Toñino. No lo olvido–. Antonio lo mira y asienta agradecido. Al bajar aspira el viento. –Se ha abierto una puerta. ¡Ojalá la Tamara entienda, esto es lo mejor que le puede pasar!

XXIV.

Tamara ha cedido. Antonio ha presionado. Ella intenta. Espera aliarse con el tiempo, pedirle que dé prisa a sus pasos y la ayude a mitigar. Está obligada a vencerse.

Yolanda contrariada, colgada. Ha movido gente para desenmascarar un ejemplo de machismo flagrante en las altas esferas sociales. Y ahora según Tamara la pelea no va más, se acabó la disputa por la tenencia compartida. Que el asunto ha tomado otro cariz. Que por favor cierre el divorcio de mutuo acuerdo. Yolanda la encara señalándole lo indigno de la claudicación, fomento descarado al patriarcado que dijo rechazar. Mujeres actuando de este modo, sin desafiar ataduras, sin tomar conciencia de la dominación sojuzgadora, son semilla y raíz del machismo, insiste. Está indignada. Tamara le concede razón. Le pide comprensión, no es un renunciamiento sino una prórroga. Xavier cumplirá con Antonio. Es indudable.

Al fin un acuerdo con Xavier le permitirá ver a sus hijos por una vez. Es un algo mayor a la nada. Nervioso regocijo.

XXV.

Pedro y Xavier

Me alegra que lo recibas fresco, Pit. En el fondo, y después de todo no quiero nada malo para ella, menos aún escándalo para mis hijos. Y ya. Tranquilo mi bro, es un corte al esfuerzo hecho, pero bueno, soy tu acólito. Nací para ser tu acolito, jajaja. De veras, Xavo, si tu corazón lo siente, si tu razón lo dicta, así lo haremos. Eso sí, nadie aquí en la oficina debe enterarse. Peor mi papá, ya sabes como es. Todo igual, con aceptación de las condiciones por parte de la Tamara, y cuando llegue el momento veremos cómo lo manejamos. Ah, otra cosita, la Pris y yo iniciaremos la campaña humanitaria: *Buscando una novia para el Xavo.* Jajaja. Eres idiota, Pedro Baquero, jajaja, chucha, cómo te quiero. Acepto. Agradécele a la Pris, soy un náufrago necesitado de amor. Eso sí, guapa. Por Dios, no como la amiga esa, ¿cómo se llama? Ah, la Marthita. No pues, esa sí es feísima con ganas. Ni le dirás eso a la Pris, son ñañas del alma. Lo sé, y no me opongo a eso, sí a hacerme cargo, jajaja.

3.

I.

En las instalaciones del aeropuerto internacional Mariscal Sucre de Quito se oye el anuncio de la salida del vuelo de Iberia con destino a Madrid. Tamara y Muriel pasan los controles, toman café en la sala VIP y suben a primera clase del avión A350. Desde la ventanilla, la ciudad y el corazón se van haciendo chiquitos. Los matices de la montaña se encienden para decirle adiós. El viaje es largo, se acomoda. Forastera. Una azafata les ofrece cava española, cada una con una copa en mano, brindan por este inicio. Muriel le toma la barbilla y la besa.

Haber estado con sus hijos fue esperanza en gajos de naranja fresca. Juliana corre al verla, se apretuja a su cuerpo, ella la levanta en sus brazos. Adrián la observa unos segundos, desconfiado y receloso, va despacio hacia ella. Se inclina y lo besa, le pasa su mano sobre la cabeza. – ¿Por qué vienes si ya te vas? –Por eso mismo, mi amor. A despedirme. Vuelvo pronto, entonces nos veremos seguido. Ya verás. Juliana sonriente, – ¿en serio, mami, vienes enseguidita? –Sí mi tesoro. Y hasta tanto nos vamos a ver y conversar mucho, mucho por la compu. – ¿Y si te olvidas de nosotros allá tan lejos? –Juliana con tristeza. –Eso no es posible porque el amor de verdad nunca se olvida. Adrián con los ojos húmedos: -Por eso no te hemos olvidado.

– ¡Eso! Ah, pero les traje un peluche a cada uno. Es una osita, se llama Mamá Tamy. ¿Ya ven? La osita va a dormir con ustedes, y la osita soy yo. Así que… ¡Voy a estar con ustedes! Adrián y Juliana, ríen. Los besa. Solloza, ellos también. Debe partir.

II.

Salgo incompleta. Cedo para no perder. Vacía de justicia humana. Miro atrás sin convertirme en estatua de sal.

157

www.ingramcontent.com/pod-product-compliance
Lightning Source LLC
Chambersburg PA
CBHW061044250726
48653CB00001B/240